会社をつくる人のうち
5人に1人が選ぶ!

改訂版

合同会社設立のすゝめ

ウェイビー行政書士事務所　飯塚税理士・行政書士事務所
伊藤健太・飯塚正裕 共著

日本法令

改訂版 はじめに

～ますます増える合同会社～

　本書の初版が発行された2013年当時は、アップルや西友などの有名企業も合同会社へ組織変更してはいたとはいえ、「合同会社という名前を聞いたことはあるものの、よくわからない」といった声がまだまだ多く聞かれた時代でした。

　しかし、その後もアマゾンやワーナーブラザースの日本法人が合同会社へ組織変更するなど、大手企業でも合同会社を選択するケースが増加するとともに、一般の方へも合同会社という組織形態が浸透していきました。近年、筆者の事務所でも、「合同会社を設立したい」「合同会社を設立したので税理士さんに見てほしい」というお客様が増えてきています。

　また、たとえば商工会議所や地域の経営者の交流会など名刺交換をする機会においても、合同会社の名刺をお持ちの方をかなりお見受けします。世間一般でも合同会社の存在が浸透してきていると、実感しています。

　法務省統計情報によると、会社法が施行された2006年（平成18年）以降、合同会社の設立件数は、

　2007年　　6,076件
　2012年　10,889件
　2017年　27,270件

と増え続けています。2017年の27,270件という件数は、同年に設立登記された会社の件数の約23％にあたります。新たに設立される法

人のうち、5社に1社以上の割合で合同会社が選ばれているといえます。

これだけ増えている合同会社ですので、インターネットで検索すると、合同会社についてのウェブサイトがたくさんヒットします。

しかし、それらのほとんどは、合同会社の特徴やメリット、デメリットといった概要についてだけ書かれているものです。実際に設立手続をするときに使う様式が記載されており、設立後直面する税金にまつわる手続きまで一緒に出ているウェブサイトはほとんどないものと思われます。

本書は、起業を思い立ち合同会社という会社形態に興味を持った方が、合同会社のことを理解したうえで、1人で合同会社設立の手続きができるようになることを目指しています。

そして、実際に合同会社を設立した後に必要な手続き、創業期の資金繰りに役立つ創業融資について、最低限知っておいてほしいノウハウが書かれています。本書を最後まで読むことで、合同会社の運営を始める「第一歩」まで踏み出せるようになっています。

本書が、これから事業を始めようと考えている起業家予備軍の方々のお役に立ち、1人でも多くの元気な起業家が誕生することにつながれば幸いです。

2018年11月

　　　　　　　　　　　　　　　　　　ウェイビー行政書士事務所
　　　　　　　　　　　　　　　　　　　　　　伊藤　健太
　　　　　　　　　　　　　　　　　飯塚税理士・行政書士事務所
　　　　　　　　　　　　　　　　　　　　　　飯塚　正裕

目　次

改訂版 はじめに　～ますます増える合同会社～

第1章　合同会社の特徴とメリット・デメリット

1　昨今の合同会社ブームの背景　　11
2　起業するときの事業形態　　13
　(1)　法　　人………………………………………………13
　(2)　個人事業主……………………………………………14
3　合同会社のメリット　　15
　(1)　事業を始めるまでにかかる費用が安い……………15
　(2)　社会的信用が獲得できる……………………………16
　(3)　有限責任である………………………………………18
　(4)　自由に損益配分できる………………………………19
　(5)　役員の任期が無制限である…………………………20
　(6)　資金調達の幅が広がる………………………………21
　(7)　決算公告の義務がない………………………………23
　(8)　税制の違い……………………………………………24
　(9)　人材の採用がしやすい………………………………24
4　合同会社のデメリット　　27
　(1)　知名度が低い…………………………………………27
　(2)　人的信頼関係が崩れると大変………………………27
　(3)　社会保険料などの負担………………………………28

第2章　合同会社を設立する前に知っておくべきこと

1　合同会社が想定している会社像と向いている業種　30
　(1)　想定されている会社像…………………………………………30
　(2)　小規模な会社とは………………………………………………31
　(3)　損益分配…………………………………………………………32

2　合同会社設立までの流れ・スケジュール　34
　(1)　設立までの大まかな流れ………………………………………34
　(2)　商　　号…………………………………………………………35
　(3)　事業目的…………………………………………………………36
　(4)　本店所在地………………………………………………………36
　(5)　資　本　金………………………………………………………37
　(6)　合同会社における社員…………………………………………39

3　合同会社設立にかかる費用　44

第3章　合同会社の運営をうまく行うために知っておくべきこと

1　創業者向け融資制度の活用　46
　(1)　創業融資制度とは………………………………………………46
　(2)　日本政策金融公庫の「新創業融資」…………………………48
　(3)　金融機関＋保証協会の「制度融資」…………………………50
　(4)　新創業融資と制度融資の比較…………………………………51

2　融資における合同会社の特色　53
　(1)　融資における合同会社と株式会社の違い……………………53
　(2)　合同会社と株式会社、どちらが融資を受けやすいか………54

3　実際の申請フロー　55
　(1)　新創業融資の場合………………………………………………55

(2) 制度融資の場合……………………………………………58
4　税金の種類　　　　　　　　　　　　　　　　　　59
　(1) 法人が支払うべき税金の種類……………………………59
　(2) 新設法人は消費税が免除…………………………………63
5　経理の必要性と士業　　　　　　　　　　　　　　66
　(1) 経理の必要性………………………………………………66
　(2) 専門家（士業）とは………………………………………66
　(3) 各士業の役割………………………………………………67

第4章　合同会社の設立事例紹介

1　合同会社オールスプラウツ　　　　　　　　　　　70
2　上尾総合学院合同会社　　　　　　　　　　　　　74
3　メモリアル・コンシェル合同会社　　　　　　　　76
4　匿名希望（投資業）　　　　　　　　　　　　　　79

第5章　実際に合同会社をつくろう

1　定款作成の準備　　　　　　　　　　　　　　　　84
　(1) 商　　号……………………………………………………85
　(2) 目　　的……………………………………………………86
　(3) 本店所在地…………………………………………………87
　(4) 社　　員……………………………………………………88
　(5) 業務執行社員………………………………………………89
　(6) 代表社員……………………………………………………89
　(7) 資 本 金……………………………………………………90
　(8) 社員の出資の目的およびその価額または評価の評準………91
　(9) 公告の方法…………………………………………………92

（10）合同会社における経営の意思決定 …………………………93
　2　実際の書類作成方法　　　　　　　　　　　　　　　94
　　（1）定款の書式例………………………………………………………94
　　（2）法務局に提出する書類……………………………………………98
　3　法務局への登記　　　　　　　　　　　　　　　　　115
　　（1）書類を提出する法務局の管轄……………………………………115
　　（2）書類の提出方法……………………………………………………115
　　（3）登記が完了するまでの期間………………………………………116
　　（4）登記完了後…………………………………………………………116

第6章　合同会社設立後に行う手続き

　1　印鑑カード、謄本の取得　　　　　　　　　　　　120
　2　銀行口座の開設　　　　　　　　　　　　　　　　124
　3　各書類の提出　　　　　　　　　　　　　　　　　126
　　（1）税務署への届出……………………………………………… 127
　　（2）都道府県税事務所・市町村役場への届出………………… 140
　　（3）年金事務所への届出………………………………………… 142
　　（4）労働基準監督署、公共職業安定所への届出
　　　　（従業員を雇用する場合）…………………………………… 147
　　（5）その他、労働基準監督署への届出………………………… 149

第7章　合同会社の変更登記・組織変更の方法

　1　合同会社の変更登記　　　　　　　　　　　　　　152
　　（1）役員変更（社員変更）の手続き………………………………153
　　（2）商号変更の手続き………………………………………………154
　　（3）本店変更の手続き………………………………………………156

(4) 事業目的変更の手続き……………………………………… 157
　(5) 支店登記の手続き…………………………………………… 157
　(6) 増資の手続き………………………………………………… 158
2　合同会社から株式会社への組織変更　　160
　(1) 組織変更計画………………………………………………… 160
　(2) 組織変更することを知らせる……………………………… 160
　(3) 組織変更の効力発生、組織変更登記の申請……………… 161
　(4) 関係官庁へ書類提出………………………………………… 161

本書の記載情報は2018年11月時点のものです。

第1章
合同会社の特徴とメリット・デメリット

「会社」というと、株式会社が圧倒的にメジャーな形態です。しかし、実は会社の種類は他にもいくつかあります。合同会社、合資会社、合名会社、有限会社などです。

　なぜ、このようにいくつもの種類があるのかというと、たとえば、ソニーのように何万人も社員がいる会社と、自分1人で会社をやっている会社とでは、やはり会社としての必要な機能が違うからです。

　つまり、会社の形態がいくつも用意されているということは、自分の思い描くような会社形態がとれるように、法律が選択肢を用意してくれているのです。会社ごとに機能が違うということは、その会社の形態をとることのメリットやデメリットがそれぞれにあるということです。自分自身がどのような会社をつくっていきたいのかに応じて、会社の形態を選択することになります。

　しかし、ほとんどの人は株式会社、合同会社の2つから会社設立の形態を選択しています（株式会社、合同会社の違いについての詳細は本章3、4参照）。

　なお、有限会社は2006年5月に会社法が施行されたことに伴い、現在、新規で設立することはできません。中には、このことを逆手にとって、有限会社をM&Aで買収したり、知人等から譲り受けたりするなどして、事業をスタートする人もいます。有限会社であれば2006年4月までに設立された会社であり、長く事業をやっているというイメージを与えられるからです。

　とはいえ、株式会社と合同会社以外の会社形態を選ぶ人はほとんどいません。

第1章　合同会社の特徴とメリット・デメリット

■1　昨今の合同会社ブームの背景

　今、なぜ合同会社がブームとなっているのでしょうか？
　合同会社の設立が増えてきているのは、合同会社の知名度が徐々に上がってきたためです。合同会社は、2006年（平成18年）の会社法施行に応じて、新たに設立できるようになった会社形態です。
　以後、社会が合同会社を認知しはじめ、筆者のような合同会社の専門家も増えてきました。
　専門家が増えてくると、各自のホームページやブログなどで合同会社の説明や紹介をします。すると、株式会社しか頭になかった人が、それらの媒体を通して合同会社のことを知ることになります。
　また、前述したように、会社形態によってメリットやデメリットがあります。この点、筆者は、合同会社のメリットを活かせる人に対しては、株式会社の設立ではなく合同会社の設立をおすすめしています。

　また、近年では、アマゾンやアップル、西友などの有力企業が組織再編などを機に株式会社から合同会社へ移行しているというニュースが世に出ていることもあり、合同会社自体の知名度が上がってきています。

　今までは「会社を設立したい＝株式会社を設立したい」という人がほとんどでした。専門家でも、「お客様の場合には、合同会社のほうが株式会社よりもよいかもしれませんよ」という感じで、合同

会社を提案していたケースが大半でした。
　しかし今では、最初から「合同会社を設立したい」と依頼にくるケースが多くなってきています。時間の経過によって、合同会社を説明する専門家が育ってきたことや、社会的な認知度のアップによって合同会社の設立件数が伸びてきたことが背景だと筆者は考えています。
　そもそも、他の会社形態と比べて合同会社はより多くの人にとって設立するメリットが大きいものといえるので、必然的に合同会社の設立件数が増えてきたというべきかもしれません。

第1章　合同会社の特徴とメリット・デメリット

■2　起業するときの事業形態 ■■

　合同会社について詳しく説明する前に、まずは、事業をはじめようとした場合に、どのような形態があるのか、その選択肢についてそれぞれ簡単に解説します。

(1) 法　　人

　まず、法人の形態か個人事業主の形態かという点で大きく分けることができます。法人には、株式会社や合同会社以外にも、一般社団法人、一般財団法人、NPO法人、宗教法人、医療法人などさまざまな形態があります。
　もちろん、それぞれにメリットやデメリットがあります。ここでは、それぞれの比較はしませんが、事業を開始する形態はたくさんあるということは覚えておいてください。

　ちなみに、株式会社や合同会社は、法人の中で「営利法人」として分類されています。営利法人とは、事業から生まれた利益を社員（株主など）に分配することを予定している法人のことです。反対に、事業を開始して、利益を社員に分配しないような法人としてはNPO法人などがあり、こちらは「非営利法人」に分類されています。

(2) 個人事業主

　個人事業主は、自営業者ともいわれます。法人を設立せずに、個人で事業を行っている人のことです。

　一般的には、事業主1人のみ、家族のみ、あるいは少数の従業員を抱えるのみの小規模の経営が多いです。小規模といった制限はなく、大規模な企業体を経営することもできますが、あまりそのような例はありません。

　また、個人事業主は、法人の形態とは異なり、法人を設立する必要はありません。「個人事業の開業・廃業等届出書」に、開業に必要な屋号や営業場所などを記入して税務署に提出すれば事業を開始することができます。「個人事業の開業・廃業等届出書」は税務署の窓口で請求するか、国税庁のウェブサイトからダウンロードできます。また、ここでは青色申告のメリットなど詳しいことは省略しますが、開業届を出す際には青色申告に関する届出も一緒に提出するのが一般的です。

　法人を設立するためには、費用、時間を要します。この点で、法人を設立してすぐに事業を開始せずに、まずは、個人事業主として事業を開始し、一定の売上が発生してきてから法人化（個人事業主から法人を設立することを「法人成り」といいます）する人も多くいます。

■3 合同会社のメリット

　この節では、株式会社や個人事業主との比較を通じて、合同会社のメリットについて説明します。

(1) 事業を始めるまでにかかる費用が安い

① 個人事業の場合
　前節でもあげたように、個人事業を開始する場合には、税務署に「個人事業の開業・廃業等届出書」を提出するだけですので、費用は０円で開始することができます。この費用０円で事業をスタートできるということが、スタートアップで資金に余裕のない中で事業を始める際の最大のメリットとなります。

② 株式会社の場合
　株式会社を設立するには一定の決まったお金がかかります。株式会社の設立を自分自身で行う場合は、最低費用が約24万円かかります。

③ 合同会社の場合
　合同会社設立を自分自身で行う場合は、10万円程度で設立できます（内訳は44頁参照）。

④ 事業を始めるまでにかかる費用まとめ

　事業を開始するまでにかかるコストだけでみてみると、個人事業主で事業を開始する場合が一番お金をかけずにスタートをすることができます。

　次に費用を抑えてスタートすることができるのが、合同会社です。合同会社の場合、株式会社に比べて14万円近く安く法人を設立することができます。この中で一番事業を始めるまでの初期費用がかかるのは株式会社となります。

(2) 社会的信用が獲得できる

　合同会社は、株式会社と同じように、会社を設立すると「法人格」を取得します。法人格とは、法律上の人格のことで、法律上、権利や義務の主体となることのできる存在ということです（この点、有限責任事業組合（LLP）とは違います）。

　法人格を有することで、対外的な信用が高くなります。ビジネスの世界において「信頼・信用」はとても重要ですので、法人格を取得することは大きなメリットとなります。

　この社会的な信用という点では、株式会社と合同会社はどちらも法人格があり、変わらないように思われます。本書の初版刊行当時、社会的に合同会社はまだまだ認知されていないこともあり、実際の意味での信用というものは株式会社に比べて劣るというのが現実でしたが、それも過去の話となりました。

　社会的な信用という点で、法人と個人事業主とではどうでしょうか。個人事業主は、あくまでも個人が契約の主体になります。

例をあげましょう。筆者は、行政書士事務所を個人事業主で運営しており、屋号（いわゆる事業者の名前）は「ウェイビー行政書士事務所」です。

屋号があると、「ウェイビー行政書士事務所」という組織があって、契約などは「ウェイビー行政書士事務所」という組織が結んでいるような感じがしますが、実際は違います。個人事業主ですのですべて、ウェイビー行政書士事務所についての契約は、筆者個人名義での契約となります。

この点、筆者は法人で「株式会社ウェイビー」という会社も同時に経営しています。この「株式会社ウェイビー」で何か契約することがあれば、「株式会社ウェイビー」の名前で契約することができるのです。

これが法人格のある会社と個人事業主との違いとなります。

取引先などからすると、個人と契約するのと会社と契約するのでは信用の点からやはり大きく変わります。個人よりも会社のほうが、信用力があると思われているのです。個人事業主としてずっとやってきた人が、信用力を得るために会社をつくるケースもたくさんあります。

どうせ会社を設立するのなら最初からつくればいいじゃないかと思う人もいるかもしれません。この点については、前述のように、会社を設立する場合には、最初に一定の費用が必要になってしまいます。そのため、まだまだうまくいくかわからない事業にお金をできる限りかけたくないという人が、個人事業主からスタートを切るのです。

(3) 有限責任である

　もしも会社がうまくいかずに、借金などができた場合はどうするのでしょうか？

　会社と個人事業主とではその責任の範囲が違います。合同会社に出資して、その会社が損失を出した場合、損失の範囲は、出資額に限定されます。これを「有限責任」といいます。

　有限責任の場合には、最初に出したお金以上の責任は負わないということになります。たとえば、会社設立時点で100万円出資したとします。会社を経営していく中で、1,000万円の借金が会社にできたとします。この場合に負う責任は、最初に出資している100万円に限定されます（会社の借金の連帯保証人等になっていた場合は異なります）。

　株式会社も合同会社と同じ有限責任ですが、合名会社や合資会社の場合は「無限責任」となります。無限責任の場合は、会社が損失を出して支払えない場合、出資者個人にも責任が及んでしまうものです。この責任の違いという点で、合同会社は合名会社や合資会社よりもメリットがあるといえるでしょう。

　個人事業主の場合は、会社と異なって、契約の主体がその人個人です。そのため、個人が借金をしたことと何も変わりません。個人が借金をしていますので、その借金はすべてあなたが返済しなくてはなりません。この点では、有限責任である会社、特に、株式会社や合同会社よりも、個人事業主のほうが、リスクが大きいといえます。

(4) 自由に損益配分できる

　事業を開始して、軌道に乗れば利益が出ます。その利益をどのように分配するのかということも、会社の形態によって少々異なってきます。

　この点、株式会社では、原則として出資した割合（会社にいくらお金を出したのか）に応じて、会社の利益が配当される金額が決まるというルールがあります。ある会社に出資して株主となると、株主は会社から一定の利益を配当という形で受け取ります。

　合同会社では、出資の割合に関係なく、能力、技術を持った人に対して、定款によって多くの利益を配当できるように決めることができます。

　これは少々、わかりにくいかもしれません。株式会社の場合は、株式というものを発行します。この株式は、1株いくらという形で金額が決まっています。100株買う場合には、1株買う場合の100倍のお金が必要ということになります。

　この会社に利益が出たので、利益を株主（株式を持っている人）に配当しようと考えたとします。1株につき100円配当するとした場合、1株しか持っていない人は100円、100株持っている人は1万円を受け取ることになります。

　つまり、株式会社の場合には、多くの株式を持っている人（多くのお金を出資した人）が、多くの配当を受け取ることができるのが原則となっているのです。

　この点、合同会社の場合には、定款（その会社のルールを記載したもの）によって利益などの配分の仕方を自由に設定することがで

きるようになっています。つまり、出資した金額に関係なく、配分を定めることができるのです。

　たしかに現実的に考えると、お金は出していないけど会社がうまくいったのはAさんのおかげというケースはたくさんあります。このようなときに、Aさんに他の人よりも多く利益を分配できるのが合同会社です。

　この利益の分配を内部で自由に決定できるという点は、合同会社と株式会社では大きく異なる部分です。これを理由として合同会社を設立する人もいます。

　この点を会社と個人事業主で比較すると、個人事業主の場合は、事業で得たお金から経費を除けば、すべてその個人の所得となります。しかし、個人事業主でも、たとえば複数人で共同で事業を開始し、利益が出た場合の配分の仕方などを内部で決めておくことはできます。すなわち、内部で自由に損益の分配を決定することができるという点では、個人事業主は合同会社に近いものがあります。

　以上のことから、損益の分配については、株式会社よりも合同会社や個人事業主のほうが、自由がきく分、メリットが大きいといえます。

(5) 役員の任期が無制限である

　会社を設立すると、代表取締役や代表社員、取締役などの役員（合同会社の場合には、代表取締役ではなく「代表社員」といいます。どちらも会社の代表のことです）を選ぶ必要があります。

　株式会社では、代表取締役などの任期は最大10年間（非公開会

社の場合）と会社法で決まっています。任期満了のたびに、同一の役員が引き続き同じ役職となる場合でも、役員の重任の手続きをする必要があり、書類作成をはじめ、法務局への届出などの作業が必要となるうえ、お金も必ずかかります。おまけに、会社法では登記事由が発生した場合、2週間以内に登記することが定められており、役員の任期が到来したにもかかわらず、うっかり登記をするのを忘れてしまった場合、会社法違反となり、100万円以下の過料が科されることがあります（会社法第976条の1）。

しかし、合同会社の場合には、代表社員などの役員に任期が定められていないので、変更の手続きも不要ですし、お金もかかりません。小規模な会社であれば、このような任期満了の際の面倒な手続きをカットできますし、うっかり忘れないために任期の期間を管理する手間を省くことができ、無駄な費用もかかりません。この「役員の任期が無制限」ということは、1つの大きなメリットになっています。

この点では、個人事業主の場合にも、任期などはありません。そのため、合同会社と同様に株式会社よりもランニングコストや手間を省くことができます。

(6) 資金調達の幅が広がる

事業を開始すると、やはりお金の問題は切っても切れない問題です。お金をどのように用意するのかということは、経営者にとって大きな課題であり、重要な仕事になります。

この点、一般的なお金の準備方法として、銀行などの金融機関にお金を借りる（融資を受ける）という方法があります。

そして、資金調達の方法は、金融機関からの融資以外にもいくつもあります。たとえば、社債（会社が資金調達を目的として、投資家などからの資金の振込みと引換えに発行する債券）の発行は、かつて株式会社だけができました。

　社債は、実際に活用されている重要な資金調達方法の1つといえます。これが、新会社法においては合同会社などの持分会社（合同会社、合資会社、合名会社）でも発行できるようになりました。つまり、株式会社にしか認められていなかったメリットが、合同会社にも認められるようになったのです。

　社債は公募債と私募債があり、上場企業などは証券会社を通じて不特定多数に販売する一般的な公募債を活用しますが、小規模な株式会社や合同会社は私募債を活用して資金調達をしています。

　私募債（非公募債あるいは縁故債とも）とは、少数の特定先が直接引き受けることによって発行される社債をいいます。近年、企業の資金調達のパイプを太くするため、資金調達の多様化が進められており、私募債の中でも「少人数私募債」と呼ばれる、募集人数50人以下の少人数に発行される社債で金額合計1億円以下のものが、多くの企業に利用されています。

　この点、個人事業主は会社ではありませんので、社債を発行して資金を集めるということはできません。しかし、類似した制度として、疑似私募債を発行するという方法があります。疑似私募債は、あくまでも民法上の金銭消費貸借契約に基づく債権者と債務者という関係ですが、縁故者等からの借入れを、擬似私募債（信用債）を引き受けてもらう形で、少人数私募債と同じ手続きで行うことができます。

一般的に、資金調達の観点では、個人事業主よりも会社のほうが資金を集めやすく、方法としても多様です。これは、前述のように、会社と個人事業主の信用力の違いや、事業をどの程度大きくやろうとしているかの違いによるものです。

(7) 決算公告の義務がない

　会社を設立すると、1年に1回は「決算」といって、その年にいくら稼いだのかということを税務署に報告しなければなりません。この決算の手続きは、株式会社、合同会社どちらも必要となります。
　しかし、違う点が1つだけあります。株式会社では、毎年の決算の内容を官報などで発表する義務があります。決算をするのはどちらも同じですが、株式会社には決算内容の報告が課されているのです。
　決算の報告をする場合には、通常は官報に掲載するという方法をとります。そのため、官報に掲載する費用として最低6万円程度の費用がかかることになります。
　合同会社にも、決算をする義務はありますが、決算内容を公告する義務はありません。そのため、株式会社で毎年かかる決算広告の費用である最低6万円が、合同会社の場合にはかかりません。年間6万円ですが、ムダな経費が削れるという意味では大きいといえます。
　この点、個人事業主の場合にも、決算（確定申告）は毎年1回行う必要がありますので、会社と変わりません。しかし、合同会社と同様に、決算公告などの義務はありません。

(8) 税制の違い

　会社は決算をします。決算をして利益が出ていると、その利益に対して一定の割合で税金がかかります。この点、株式会社、合同会社は同じ税金の割合がかかりますので、どちらの会社形態であっても税制上の違いはありません。
　しかし、会社と個人事業主とでは大きく税金についての扱いが異なります。一般的には、個人事業主よりも会社のほうが経費に認められる範囲が広くなります。会社や個人事業主にかかる事業の税金というのは、売上から経費を差し引いた金額に一定の割合をかけることで決まってきます。
　すなわち、経費として認められる範囲が広ければ広いほど、税金のかかってくる金額が小さくなります。そうすると、最終的に支払う税金の金額は小さくなります。もちろん個別のケースによって、対応が異なってくる部分がありますので注意が必要となります。たとえば、交際費についていえば、個人事業主の場合には全額経費としてカウントできますが、法人の場合には一部経費として認められないということもあります。

(9) 人材の採用がしやすい

　事業を展開していく中で、また事業の3大要素として、「ヒト・モノ・カネ」の3つは欠かすことができません。この3つの資源を使って、事業を大きく展開していくことが経営者の仕事です。
　3つの資源の1つ、「ヒト」に関しては、いかに優秀なヒトを採用できるのかということが、事業をするにあたって重要です。

ヒトを採用する際に重要となるのが、社会保険への加入ができるか否かということです。働き手からすると、この社会保険加入の可否は大きな違いであり、働く場所の重要な選択基準となります。

会社を設立すると、社会保険（健康保険および厚生年金保険）への加入が義務となります。

個人事業主の場合は、人数と業種によって強制と任意に区分されます。従業員を雇用したときの対応は、雇用者数と業種により分かれます。強制適用に該当する事業を行っている個人事業主が、5名以上の常勤者を雇用すると強制適用事業所となり、社会保険に加入しなければなりません。同じ事業でも4名までだと任意適用事業所となり、強制はされませんが、要件により社会保険に加入することができます。農林水産業、サービス業などは、雇用者数にかかわりなく任意適用事業所となります。5名以上の雇用者があっても強制はされませんが、要件により社会保険に加入することができます。

個人事業主自身は、強制適用事業所でも任意適用事業所でも社会保険に加入することができません。

つまり、会社は社会保険への加入が義務であるのに対して、個人事業主は一定の場合にのみ義務となります。ほとんどの個人事業主は、社会保険に加入していないのが実態です。そのため、個人事業主として求人を出しているところで働こうとしても、社会保険には入れないことも多々あります。

以上のことから、会社のほうが、個人事業主よりもヒトを採用しやすいといえます。

以上、合同会社におけるメリットをざっと説明しました。株式会社と合同会社を比べ、メリットとして大きな部分は、会社設立時点の初期費用、役員の任期がなく重任の登記手続が不要、決算公告が不要で会社設立後のランニングコストが低い、ということなどでした。
　このように合同会社は、株式会社に比べて、お金の面で少々優遇されているといえます。これは、合同会社がもともと１人で会社をやる人など、小さな会社を想定した形態であるためです。

> **株式会社と比較した合同会社のメリット**
> - 設立時点での初期費用が安い
> - 役員の任期がなく重任の登記手続が不要
> - 決算公告が不要
> - 会社設立後のランニングコストが低い
> - 損益分配を内部で決めることができる

■4　合同会社のデメリット

　前節とは逆に、株式会社や個人事業主との比較を通じて合同会社のデメリットを説明します。

(1) 知名度が低い

　合同会社がだいぶ一般的なものになったとはいえ、株式会社に比べると、まだまだ知名度が劣る面もあります。

　取引先にいちいち「合同会社とはこのような組織である」ということを説明しなければならない、ということもあるかもしれません。

(2) 人的信頼関係が崩れると大変

　合同会社は、利益の配分を自由に定めることができたり、会社の内部組織を定款で自由に定めることができたりするというメリットがある反面、社員同士が対立してしまった場合、意思決定において収拾がつかなくなるおそれがあります。

　原則として、意思決定に社員全員の同意が必要ということは、1人でも反対の社員がいると意思決定できない、すなわち物事が進まないということになります。合同会社は仲のよいメンバーで経営していくことが想定されているため、全員の同意を必要としているのです。

(3) 社会保険料などの負担

　3節(9)で述べたように、会社は社会保険への加入が義務です。個人事業主の場合には、ケースによって変わります。社会保険は、加入すると一定の保障を受けることができるようになります。

　しかし、一定の保障を受けることができる反面、従業員数などに応じて、毎月社会保険の費用がかかります。会社の負担額もこの従業員数などに応じて変わってきます。

　会社は社会保険の加入が義務となるため、社会保険に加入していない個人事業主と比べると負担が重くなり、維持費という点ではデメリットといえます。

　では、どのような人と一緒にやればよいのでしょうか。意見が違うのはある意味では当たり前ですし、逆によい可能性もあります。問題は、お互いが譲らずに話合いにすらならないような場合です。そう考えると、阿吽(あうん)の呼吸の人や、意見対立があってもちゃんと話合いができる人を選ばなければなりません。

　パートナーは慎重に選び、合同会社ならではの特徴（このようなリスクもあること）を理解して設立することが大切です。

合同会社のデメリット
- 合同会社を知らない人への説明が大変
- 意思決定に社員全員の同意が必要
- 社会保険料負担

第2章
合同会社を設立する前に知っておくべきこと

> 第1章では、合同会社の設立数が増えている背景、合同会社の概要、全般的に事業を開始するための形態、その形態ごとのメリット・デメリットを解説しました。
> 第2章では、いよいよ本書の主役である合同会社にスポットライトを当てて、合同会社の想定している会社像、向いている業種や合同会社設立までのスケジュール、諸手続、費用などについてご案内します。

■1　合同会社が想定している会社像と向いている業種

(1) 想定されている会社像

　第1章のとおり、事業を開始する形態はいくつかあります。その中で、合同会社が想定している会社像や業種、つまり、合同会社を設立して事業を開始するとメリットの出てくる会社のイメージ像、業種について説明します。

　ここでも、株式会社と比較をしながら考えていくとわかりやすいでしょう。まず、株式会社は、会社にお金を出す人（＝株主）と会社を経営していく人（＝取締役）は違う人であることが想定されています。このことを「所有と経営の分離」といいます（会社法では、会社の所有者は株主ということになります）。これは、プロである経営者が世の中にある資本を集め、それを使って事業を展開することで、より一層資金を増やしていくということが期待されていると

いうことです。つまり、株式会社では、資金を出す人と事業を経営していく人との役割分担が求められているのです。

　この点、合同会社は、所有と経営が原則として一致しています。つまり、資金を出す人と、事業を経営していく人とが同じであるということです。この「所有と経営の一致」ということから、どのような会社として想定されているのかがわかります。すなわち、小規模な会社です。

　というのも、合同会社の場合には、"資金を出して終わり"ということが原則としてありません。複数人で会社を経営する場合には、同じ会社に集まって事業を経営していくことになります。この点で、地理的に近い人が集まれる方がコミュニケーションをとりやすく、経営をしやすいといえるでしょう。

　また、通常、経営というのは、専門職として成り立つくらい難しいものです。そのため、所有と経営が一致している合同会社にあっては、少人数の社員（経営者）が想定されていることがわかります。経営という専門職をこなすことのできる人は世の中にそれほど多くはいません。

　会社設立にかかるコストが株式会社より安いことも、小規模な会社を想定してのことといえます。

(2) 小規模な会社とは

　では、小規模な会社というと、イメージとしてどのような会社になるのでしょうか。それは、たとえばいわゆる家族経営の会社や、仲間内で会社を経営するような場合のイメージです。

　家族経営の会社とは、親族が役員となって経営する会社などです。

仲間内の会社とは、大学や同じ会社の同僚などと一緒にやる会社です。あまり会社の規模を大きくすることを想定せずに、その内輪で会社経営していくというケースですと、合同会社が向いているでしょう。

　もちろん、合同会社は1人で会社を経営する場合にも適しています。

　一般消費者を相手に展開する事業であって、会社の規模としてはさほど大きくない会社であれば、合同会社に向いている業種だといえます。というのも、合同会社は、社会的な認知において多少弱い部分もあり、特に大企業を相手に事業を展開する場合は、取引先も含め、信用をかなり重んじますが、この点、一般消費者向けの事業においては、消費者は企業に比べると信用をそれほど気にしないからです（もちろん気にする業種もありますが）。つまり、会社名は伏せて商品名やサービス名で展開する場合などには、会社の信用力は関係ないのです。

　とはいえ、合同会社は小規模な会社のイメージに合わせたものですので、ゆくゆくは会社を大きくしていこうと考えている場合には、他者からの資本を受け入れることができる株式会社をはじめから設立して事業展開をしたほうがよいでしょう。

(3) 損益分配

　第1章3節(4)の復習ですが、合同会社の損益分配は内部の定めによって自由に決定することができました。この点、株式会社の場合は、原則として出資した金額に比例するということでした。

この「損益分配が自由」というメリットは、お金を持っていない人と持っている人を結びつけることができます。

たとえば、「お金は持っていないが技術のある人」と、反対に「お金は持っているが技術のない人」がいるとします。株式会社の場合、損益分配が自由に決定できないため、原則として、このような2人が出会っても、出資した金額に応じて損益が分配されます。

つまり、技術のある人でも、出資した金額が少ないのであれば、仮にその技術によって会社に大きな利益が生まれたとしても、大きな対価を受け取ることが難しくなります。

このようなケースだと、技術のある人にとっては自分の技術を出したくなくなるかもしれません。つまり、株式会社の原則的な形態を貫くと、利益の出るチャンスを逃してしまうおそれがあります。

では、合同会社ではどうでしょうか？ 合同会社の場合には、損益の分配を自由に決定することができますので、「お金は持っていないが技術のある人」でも、成功した場合の利益配分を多く設定することができます。

このように、合同会社であれば、さまざまな人が集まっての研究開発や事業が展開されやすいということが想像できます。

* もちろん、このようなケースであっても、すべてが合同会社に適しているのかということは個別的な判断になってきますし、逆の場合もあり得ますので、ご注意ください。

■2　合同会社設立までの流れ・スケジュール

　ここまで、事業を開始する形態やメリット・デメリットについて説明してきました。
　この節では、事業の開始形態として合同会社を選んだ場合の、実際の設立までの大まかな流れやスケジュールについて説明します。

(1) 設立までの大まかな流れ

　合同会社を設立するにあたって、まずは定款を作成する必要があります。そのために、まずは、社員になる人全員分の印鑑証明書を1通ずつ、区役所などで取得します。
　定款とは、会社の内部のルールを定めたものです。内部のルールですので、内容のほとんどを自由に作成することができます。しかし、必ず盛り込まなければならない内容もあり、ここではその内容について説明します。また、**第5章**の雛形もぜひ参考にしてください。

　はじめて会社をつくる人や、定款の内容にこだわりたい人のために、定款作成のプロである行政書士がいます。定款の作成はあなた自身が作成してもよいのですが、実は、「プロに任せたほうが4万円以上安く定款を作成できる」というちょっと変なこともあります（**本章3節**参照）。
　ほとんどの人は、自身で定款を作成することはありません。なぜ

なら時間的にも経済的にも、自身で作成するより、専門家に依頼したほうがお得だからです。ですので、(2)以降の内容を細かく勉強し、自身が完璧に覚える必要はまずないといえます。

少々難しい話だなと感じても、それほど気にする必要はありません。

(2) 商　号

商号とは、会社の名前のことです。名前ですので、基本的には一生名乗るものです。人の名前のように、何かしら想いを込めた名前をつけるとよいでしょう。

商号を決めるにあたってはルールがあり、記述の方法や利用することができる文字が決まっています（**第5章1節**参照）。

記述の方法としては、必ず「合同会社」という四文字を、商号の前後どちらかにつけなければなりません（正確には商号のまんなかにつけることも可能ですが、一般的ではありません）。

なお、有名な会社の商号を使用することなどは、商標権侵害や不正競争防止法違反の可能性があるので止めましょう。

また、商品名やサービス名によい名称を考案し、それを会社名とする場合は、会社名について商標権を取得しておくと、他の地域の会社の会社名の商標としての使用を排除できる可能性もでてきてマネされにくくなるので、資金と時間に余裕がある場合は検討してもよいでしょう。

(3) 事業目的

　事業目的とは、簡単にいうと会社設立後に実際に行う事業のことです。また、将来的に行う可能性のある事業も記載します。事業目的は、必ず決めなくてはいけません。

　少ない会社で2つ、多い会社だと30以上の事業目的を記載しているケースもあります。

☞　**事業目的の注意点**

> ① **将来行うかもしれない事業も目的として記載する**
>
> 　事業目的として記載していない事業については、原則として会社は行うことができません。会社設立当初は事業として行わない場合でも、たとえば「将来は飲食店も必ずやるんだ」と決めている場合は、飲食店という事業目的を記載したほうがよいでしょう。もちろん、後々、事業目的を追加することもできます。ただし、事業目的を追加する場合には、法務局へ3万円の費用を支払う必要がありますので、できる限り会社設立時点で記載することをおすすめします。
>
> ② **色々な事業目的が記載されていてもOK**
>
> 　たとえば、「飲食店の経営、食料の輸出入、建設業、ホームページ制作」などといったように、一貫性がなくともかまいません。

(4) 本店所在地

　本店所在地とは、会社の住所のことです。住所は、法務局へ本店として登記した場所になります。本店の場所と実際の活動の場所が異なるといったケースもあります。

☞ 本店所在地の注意点

① **本店所在地の住所の記載は省略してはいけません**
「東京都千代田区丸の内1-1-1」のように省略してはいけません。「1丁目1番1号」のように正式な住所を記載します。

② **定款上、最小行政区画の記載でもOK**
「東京都渋谷区」や「神奈川県横浜市」までの行政単位の区画のことを最小行政区画といいます。定款上は、すべての住所を表記しても、最小行政区画までの表記をしてもどちらでもかまいません。しかし、最小行政単位だけの表記であっても問題ないのは、あくまでも定款上の話であって、実際に法務局へ行う登記については、本店のすべての住所を正確に届け出る必要があります。

　また、住所の登記で、ビルに入居している場合は、以下の表記などが考えられます。

ア）千代田区丸の内1丁目1番1号○○ビル101
イ）千代田区丸の内1丁目1番1号○○ビル1F
ウ）千代田区丸の内1丁目1番1号101
エ）千代田区丸の内1丁目1番1号1F
オ）千代田区丸の内1丁目1番1号

　ビル名や部屋番号、階数を省略した場合、建物の名称が変わったり、階を移動するときに、法務局へ支払う法定費用を安くすませることができる可能性があります。

(5) 資 本 金

　資本金とは、社員（出資者）が会社に出すお金のことです。基本的に、資本金は会社に提供したら返ってこないお金です。資本金は、会社の運転資金など、会社が事業を行う中で使われます。現在、資

本金の最低金額は1円となっていますので、会社設立の敷居は低くなったといえます（会社法施行前は、株式会社の場合、原則として資本金が1,000万円以上ないと設立することができませんでした）。

　資本金をいくらに設定するのかは、誰もが迷う事項です。資本金は1円から可能ですが、1円で設立する人は少ないでしょう。なぜなら、資本金＝会社規模（＝信用）を確認する1つの指標とされているためです。

　設立されたばかりの会社には信用がありません。ビジネスの世界は信頼で成立しています。そのため、会社に存在する多くの取引先は、設立されたばかりの会社の信用を資本金で判断しています。銀行などの金融機関は、資本金の金額によって銀行口座をつくれたりつくれなかったりしますし、融資の金額も変わってきます。そのため、信用という観点では資本金は多いに越したことはないのです。

　資本金は、その会社をはじめるためにしっかりと準備をし、計画的に自己資金を貯めた証明ともなります。事業内容や規模によって異なりますが、一般的には、最初の3か月程度の運転資金として、100万円〜500万円程度という場合が多いです。

　そのほかに、許認可を取得して事業をしようという人は気をつけなければならないことがあります。実は、いくつかの許認可に関しては、許認可の取得のために、一定金額以上の資本金を必要条件としている場合があります。そのため、会社設立時点で、行おうとしている事業に許認可が必要か否か、そして資本金の額に要件があるかを調べておかなければなりません。

☞ 許認可による資本金の例と、消費税の納税義務

> たとえば、建設業や旅行業などの事業を検討している人は、許認可取得にあたり、資本金に条件がありますのでご注意ください。建設業許可の場合には、条件の1つとして資本金が500万円以上か、2,000万円以上というものがあります。
>
> また、消費税の免税についても注意が必要です。資本金が1,000万円未満の場合、一定の条件を満たせば会社設立2期目まで消費税が免税となります。資本金を1,000万以上とした場合は、会社設立初年度から消費税の納税義務が生じます。

(6) 合同会社における社員

前述したように、合同会社における社員は一般的な従業員ではなく、株式会社でいう役員にあたる人のことをいいます。この合同会社の社員となる人についても、定款で定めなければなりません。

ここで、社員についてもう少し詳しく説明します。

合同会社では、資本金を出す人を「社員」といいます。株式会社でいえば株主にあたります。合同会社の社員は原則、出資をするだけではなく、経営にも関与する（所有と経営の一致）ので、合同会社の社員の決定は非常に重要です。また、合同会社の社員は1人でもかまいません。

社員もいくつかの役割に分けることができます。合同会社は、所有と経営が一致していますので、お金を出した人は原則、会社の業務を行っていくことになります。この会社の業務を行っていく社員のことを「業務執行社員」といいます。業務執行社員は、会社の経

営上の意思決定をしていく社員のことです。

　また、原則ですが、合同会社の場合には、小規模な会社が想定されています。そのため、意思決定のスピードを早める点などから、業務執行社員は皆、会社を代表する社員、すなわち、代表社員としての役割を持ちます。代表社員は、対外的な意味において、その会社を代表することになります。株式会社でいうところの代表取締役にあたります。

　たとえば、新しく合同会社を設立し、2人が資本金を出すことになった場合、この2人が社員になります。さらに、原則として、この2人が業務執行社員となり、さらに代表社員にもなります。

　これは、あくまでも原則的な形です。というのも、株式会社のように「お金は出したいが経営はしたくない」といった人はたくさんいるのです。株式会社の場合には、「お金を出す人」という役割と「経営をする人」という役割が分離しています。

　合同会社の場合は、原則的には、所有と経営は一致していますが、定款などの定めによっては、株式会社でいう株主のような役割の社員を設定することができます。単純に、このお金だけ出す人のことも、社員といいます。

　合同会社における社員は、原則的に業務執行社員になることが予定されていますが、業務執行社員になりたくない場合には、定款で業務執行社員にならないように制限をかけることができます。

　以上をまとめると、合同会社の「社員」は次の3種類となります。

> ① お金を出すだけの社員 ＝ 社員
> ② お金を出す ＋ 業務をする社員 ＝ 業務執行社員
> ③ お金を出す ＋ 業務をする社員 ＋ 会社を代表する社員
> 　＝ 代表社員

　合同会社の場合、原則的には社員全員が代表社員になることが想定されています。しかし、会社の代表が複数人いるとなると、取引先などは誰が会社を代表しているのかわからずに混乱してしまいます。そのため、実際には代表社員を1人に絞る会社がかなり多いのです。

　合同会社の経営事項などを決める場合のルールは、社員の人数などと関係します。
　合同会社を複数の出資者で設立した場合には、会社の経営に関する意思決定は、原則として、出資者の過半数の同意により行うものとされています。定款で業務執行社員を限定した場合は、業務執行社員の過半数で決めることになっています。
　しかし、業務執行権を持つ社員の人数が多い場合は、「過半数」では、迅速な意思決定ができない場合もあります。たとえば、業務執行社員が2人の場合には、常に意思決定として2人の合意が必要になります。この合意がない場合には、どうしようにも会社を前進させることができません。
　そこで、定款で意思決定の方法を過半数以外の方法に定めることが考えられます。たとえば、意思決定方法を「多数決」にすることもできますし、「3分の1」にして要件を緩和することも可能です。

定款の作成が終わり、会社名が決定すると、次は会社の印鑑を作成します。
　会社の印鑑は、会社の代表者印、銀行印、角印の３つが一般的なセットになります。社員となる方個人の印鑑証明書を取得し、定款の作成が終わり、会社の印鑑の作成が終わったら、定款以外の合同会社設立に必要になる書類の作成をします（詳細は**第５章**）。
　また、資本金を振り込む作業も必要になります。社員が１人の場合には、その社員個人の通帳に資本金として決めた金額を預け入れ、通帳の必要ページをコピーすることで、作業は完了となります。
　社員が複数の場合は、どの社員の通帳でもかまいませんので、その社員の通帳に社員全員が決まった資本金を振り込み、必要ページのコピーをとって、作業完了です。

　書類がすべてできたら、次は書類に捺印をします。使用する印鑑は、新しくつくった会社の実印、社員個人の実印です。捺印が終わったら、完成した書類と代表者の印鑑証明書を管轄の法務局に提出することで、会社設立が完了します。この法務局に書類を提出した日が、会社の設立日となります。
　しかし、会社の設立日にすぐ会社として動けるわけではありません。書類を法務局に提出した後に、書類の内容を法務局で審査する期間があります。審査期間は、法務局によってまったく異なりますが、一般的には、３～７日程度かかります。審査期間が終了すると、会社の登記簿謄本や印鑑証明書を取得することができるようになります。
　スケジュールとしては、あくまでも一般的なケースですが、定款の作成に大体２～３日程度、その他の書類作成に２日程度、すべて

この期間内で、印鑑証明書の取得、資本金の振込み作業をして、書類完成後に、社員全員の捺印をもらうことになります。この捺印が1日で終わるとすると、おおよそ法務局に提出するすべての書類作成に1週間程度あれば準備ができると思います。もちろん、印鑑の注文から到着までの時間をお忘れなく！ 早い印鑑屋さんですと、注文から2〜3日で手元に届きます。

また、もし会社の設立日にこだわる場合には、そのこだわりの日に書類を法務局に提出しましょう。

通常は、合同会社を設立しようと思ってから、1〜2週間程度で法務局への書類提出まで終わっています。早い人だと1日で合同会社を設立したケースもありました。合同会社の設立のスケジュールはあなた次第だということです！

■3　合同会社設立にかかる費用

　合同会社を設立する際にかかる費用について、具体的に説明します。まずは、法定費用といわれる合同会社設立のために必ずかかる費用ですが、法務局への登録免許税として、資本金の1000分の7の金額で、最低金額が6万円です。つまり、ほとんどの方が登録免許税は6万円ということになります。その他に、会社の印鑑は数千円〜、印鑑証明書が1通300円程度です。

　また、定款を「電子定款」で作成しないと、印紙税として4万円の費用がかかります。ここが、前述の「プロにお願いしたほうが安くなる可能性がある」というお話になります。

　では、電子定款とはどんなものでしょうか？　紙の定款（パソコンなどでつくりますが）の場合には、印紙税法という法律によって、税金が4万円かかる扱いです。しかし、定款を電子文書で作成すると、紙の定款とは異なる扱いとなり、印紙税法が適用されず、税金4万円が必要なくなります。このように、電子文書で作成した定款を電子定款といいます。ただ、電子定款を作成するためには特別なソフトを購入したり、電子証明書を取得したりする必要があります。費用も10万円近くかかりますので、自身で電子定款を作成することはおすすめできません。

　プロに依頼すると、印紙税4万円はかかりませんが、その分報酬の支払いが必要です。

　合同会社の設立にあたっては、以上の費用が最低限必要となります。

第3章

合同会社の運営をうまく行うために知っておくべきこと

> 第3章では、合同会社を設立した後に知っておいたほうがよい知識、制度について説明します。
>
> 　会社経営をしていくうえで、特に利用したほうがよい融資制度や、自身では手が回らないような分野の専門家などについて押さえておきましょう。

■1　創業者向け融資制度の活用 ■■

(1) 創業融資制度とは

　創業融資制度は、これから会社を始める人、会社を始めてから一定の決算期を終えていない人であれば、誰でも利用可能な制度です。

　創業融資制度は、実績のない、これからの企業や事業主に対して資金を融資しようとする制度であり、創業者にとっては非常にありがたい制度です。事業にはお金がつきものです。ぜひ、頭に入れておいてください。

　もちろん、合同会社でも株式会社でも、個人事業主という形態でも申請することができます。

　大前提として、創業融資は通常の融資（創業融資制度を利用しない融資）よりも受けやすい面があります。通常の融資の場合、決算書や残高試算表をもとに、現状の会社の業績によって大きく融資の可能性が左右されます。

しかし、創業融資においてはほとんどの会社が、設立した直後に融資の申請をします。そのため、当然ながら、決算書も残高試算表もまだありません。融資の可否という点では、通常の融資と比較すると今後の事業計画が大切な要素となります。

つまり、しっかりとした事業計画を立てることができれば、融資を獲得できる可能性が高まるということです。

創業融資制度の種類と申請先となる機関は、主に以下の2つです。

○　日本政策金融公庫の「新創業融資」
○　金融機関＋保証協会の「制度融資」

(2) 日本政策金融公庫の「新創業融資」

① 創業の要件
　新たに事業をはじめる方、または事業開始後、税務申告を2期終えていない方

② 雇用創出等の要件
　次のいずれかに該当する方
　(1) 雇用の創出を伴う事業を始める方
　(2) 技術やサービス等に工夫を加え多様なニーズに対応する事業を始める方
　(3) 現在お勤めの企業と同じ業種の事業を始める方で、次のいずれかに該当する方
　　（ア）現在の企業に継続して6年以上お勤めの方
　　（イ）現在の企業と同じ業種に通算して6年以上お勤めの方
　(4) 大学等で修得した技能等と密接に関連した職種に継続して2年以上お勤めの方で、その職種と密接に関連した業種の事業を始める方
　(5) 産業競争力強化法に規定される認定特定創業支援等事業を受けて事業を始める方

　　　　　　　　　　　　（略）

③ 自己資金の要件
　新たに事業を始める方、または事業開始後で税務申告を終えていない場合は、創業時において創業資金総額の10分の1以上の自己資金（事業に使用される予定の資金）を確認できる方
　ただし、「現在お勤めの企業と同じ業種の事業を始める方」、「産業競争力強化法に定める認定特定創業支援等事業を受けて事業を始める方」等に該当する場合は、本要件を満たすものとします。
　　　　　（日本政策金融公庫のホームページより抜粋・一部修正）

申請要件は左のとおりです。

3,000万円（うち運転資金1,500万円）が融資希望金額の上限額となり、またその融資の返済期間は、設備資金であれば10年以内、運転資金であれば7年以内となります。

特に注意したいのが、自己資金についてです。自己資金とは簡単にいえば、あなたが事業に使うことのできる貯金です。ここでいう自己資金は、単純にお金があればよいというものではありません。通帳を確認してその残高（自己資金）が貯まってきた経緯のわかる資金が、自己資金とみなされます。

たとえば、通帳上、1回で100万円の振込みがあった場合では、「自己資金100万円」とされるわけではありません。「30万円→50万円→80万円→100万円」と、給与やその他の雑収入を通じて貯蓄された経緯がわからないと、なかなか自己資金にはなりません。「0円→100万円」は、自己資金としてみなされにくいのです。

この理由として、まとまった金額の振込みはどこからのお金かわからず、最悪のケースとして自己資金（自分のお金）ではなく借りたお金であるという可能性があるからです。例外として、両親や親族からもらうお金については、自己資金とみなされる場合があります。ただし、これは、自分で貯めた自己資金ほどはしっかりした資金としてみられません。

日本政策金融公庫の新創業融資の特色としては、自己資金と経験を非常に重視するという点があげられます。また、立ち上げる事業にかかわる経験を一定年数以上持っていることを前提条件としており、これらの条件にあてはまる人は融資の可能性が高くなります。

(3) 金融機関＋保証協会の「制度融資」

　続いて、金融機関（銀行）＋保証協会の「制度融資」についてです。新創業融資が厳しい前提条件（自己資金等）を設けているのに比べ、少し緩和されているのが制度融資です。

　ただし、こちらの制度は、事業所のある都道府県によって利用できる制度が変わります。たとえば、東京都では、下記の申請条件となります。名称は「創業融資」です。

---

① 事業を営んでいない個人で、創業しようとする者
② 事業を営んでいない個人で、自己資金があり、創業しようとする者
③ 創業した日から５年未満の中小企業者および組合
④ 創業した日から５年未満であり、次のいずれかから出資を受けている中小企業者
　（ア）東京都が出資するベンチャー投資法人傘下の投資事業有限責任組合
　（イ）独立行政法人中小企業基盤整備機構の「ベンチャーファンド」事業が出資する投資事業有限責任組合
⑤ 分社化しようとする法人

　いかがでしょうか。

　まず、新創業融資の申請条件と比較すると、事業に関する経験と、自己資金の要件がありません。そのため、基本的に誰でも申請することができます。

　もちろん、前述した条件をまったく確認しないというわけでは

ありません。当然の話として、自己資金がある人とない人であれば、誰もが自己資金がある人に融資したいと思うでしょう。ただし、事業計画が優れていて自己資金がない人、事業計画は適当だけど自己資金がある人であれば、前者に軍配が上がるということもあります。

ちなみに、諸条件としては、東京都の場合、1,000万円が融資申請の上限金額となります。またその返済期間は、設備資金であれば10年以内、運転資金であれば7年以内となります。

(4) 新創業融資と制度融資の比較

融資の条件や利率をみてみると、条件的には制度融資のほうがよいのではないかと考えられますが、新創業融資との大きな違いは申請後にあります。

まず、申請してから実際に融資が実行される（お金が口座に振り込まれる）までの期間が異なります。書類の取り交わし等がスムーズにいくことを前提として、新創業融資は申請してから融資が実行されるまでが平均1ヶ月程度かかるのに比べ、制度融資の場合は融資実行までの期間が約2ヶ月に及びます。

金融機関・銀行との面接はもちろんのこと、その後に保証協会とも面接を行う必要がありますので、審査等に約2ヶ月という期間が必要になるのです。その間、事業を進められればよいのですが、なにぶん、事業の原資となる融資の話ですので、この2ヶ月間は大きな意味を持つといえます。

また、融資がおりた後の資金使途（資金の使い道）についても違いがあります。新創業融資に比べて、制度融資は資金使途が事前に

すべて決まっている必要があるのです。

　特に、設備資金として何かを申請する場合は、事前にすべての見積りを用意することが必要となり、また、その品目と金額が事前の申請どおりに使われていなければなりません。ここに違反がみられると、最悪の場合は資金引き上げということも考えられます。

　まとめると、「新創業融資は入り口が厳しく出口が柔軟」「制度融資は入り口が広く出口が厳しい」ということになります。

第3章　合同会社の運営をうまく行うために知っておくべきこと

■2　融資における合同会社の特色

(1) 融資における合同会社と株式会社の違い

　前節の創業融資制度については、株式会社であっても同条件です。つまり、合同会社も株式会社も同じといって差し支えありません。

　一般的に、株式会社は経営者と従業員、株主で構成されますが、その間には出資比率というものがあります。創業融資においては、代表者が過半数以上の出資をしていないと、融資に際しての審査でネガティブにみられます。実際に出資している株主が別にいて、代表者がただ業務を担っているというだけであれば、それはいわゆる「雇われ社長」ということになり、融資に関して貸主にネガティブな印象を与えます。

　この点、合同会社には株主という考え方がありません。代表社員として3名組み入れるのであれば、定款などで条件をつけなければ、3名は基本的に対等な立場になります。

　出資額に応じた権限というのは加味されないので、単純に用意した自己資金を合計するということができる可能性もゼロではありません。

(2) 合同会社と株式会社、どちらが融資を受けやすいか

　合同会社と株式会社とでは、どちらの会社形態のほうが融資を受けやすいのかということについて、一般的に変わらないといってよいでしょう。

　実際に、**第4章**の合同会社の現役経営者インタビューにおいても、「融資などに際して合同会社ということで不利益を感じたことがあるか否か」と質問していますが、「まったく関係ない」という方がほとんどでした。

　筆者の経験上、合同会社だからといって、融資が受けにくいということはないといえます。

■3　実際の申請フロー

　続いては、合同会社を設立後、実際にどのように融資の申請を進めていくかというお話になります。

　設立後といいましたが、設立前であっても、相談という形で融資申請作業を進めることは可能です。もちろんその場合の融資は、設立が終わって謄本（履歴事項全部証明書）が取得可能になってからの実行になるでしょう。

(1) 新創業融資の場合

　注意すべきは、日本政策金融公庫が単一の組織であるという点です。

　具体的には、近くの支店に足を運ぶことになりますが、名前等の個人情報についてある程度支店に伝えた場合、データベースを通じて他支店にまで情報共有されてしまう可能性があります。

　もちろん、最初の相談程度では問題ないでしょうが、一度そこで申請をすると決めた場合は、その支店での情報が今後、すべての支店に共有されてしまうということに注意する必要があります。

①　事業計画書

　まずはじめに準備するのが事業計画書です。日本政策金融公庫のホームページから所定の事業計画書のフォーマットをダウンロードできますが、このフォーマットだけでは、すべて埋めたとしても情

報量として不足しているといわざるをえません。フォーマットにあるのは必要最低限の情報であって、これを埋めただけでは、まず事業計画が綿密に練られているとはいえません。

　店舗があるのであれば、その立地について詳しく記述する必要があります。商品に自信があるのであれば、その由来や実績等、詳細な情報が必要となります。もちろん、少ない情報量の計画書で融資が通っている人もいますが、それは、面接時に詳細な内容や将来の展開について話すことができている人です。

② 相　　談

　事業計画書ができたら、そこで初めて相談に行きましょう。ここで、事業内容やご自身の信用状況について話すことになります。これ以外に必要になる書類の代表的なものとしては、次のようなものがありますので、事前に準備しておけば融資の審査がスムーズに進みます。

- 最終勤務先の給与明細票または源泉徴収票
- ６ヶ月分が記載された預金通帳
- 住宅ローンや車のローンなどの借入金がある場合は毎月の支払額や借入残高のわかるもの
- 自宅不動産の賃貸借契約書
- ６ヶ月分の地代＆家賃の領収証
- 運転免許証、パスポート等写真付き身分証
- FC先などあれば契約内容などのわかるもの

③ 面　　接

　相談の後は面接があります。面接で問われる質問はさまざまです

が、大きく分けて、事業の話と個人の信用状況に関する話の２つでしょう。

　事業の話としては、今後の事業計画についてしっかり話す必要があります。やりたいことを話すのではなく、「必ず売上が出る」「利益が出る」という具体的な話にまとめてください。それも明確な理由が必要です。

　たとえば、過去に創業する事業の経験がある場合などには、「過去の実績などからこれくらいの数字は想定できる」とか「周辺環境から見て妥当性がある」など説明できる根拠を考えておく必要があります。

　個人の話においては、ご自身の信用状況などを話すことになります。信用情報、ご両親や親族の情報等、お金を貸せる状態がどうかを見極められますので、正直に答えましょう。

④　合否結果

　面接が上手くいけば、１週間程度で合否の連絡がきます。これでOKが出れば、目安として１週間以内に融資が実行されます。

(2) 制度融資の場合

　制度融資は、銀行と保証協会が一緒になっての融資ですが、場所によっては行政（商工会や商工会議所）での手続きが必要なものもあります。ただ、大部分は新創業融資と同じですので、前項(1)を参考にしてください。

①　面接（銀行）

　事業計画書作成前後に銀行に足を運び、面接を受けます。

②　面接（保証協会）

　すぐに結果の出る新創業融資と違い、制度融資では保証協会にも回る必要があります。保証協会の面接は自宅や営業を始める予定の事務所、店舗にて行われることが多く、この点は注意が必要です。事務所や店舗の場合は、営業に向けて準備が進んでいることをしっかりアピールしましょう。自宅の場合は、会社としての表札を出しておくことなども、1つのアピールになるようです。

■ 4　税金の種類 ■■

　事業をしている人であれば知っておくべき税金の種類について説明します。
　会社を設立すると、法人税や法人住民税、法人事業税といった、法人特有の税金を納めなければなりません。合同会社であっても同様です。

(1) 法人が支払うべき税金の種類

① 法人税（国税）

　法人税とは、法人の毎期の事業活動によって得られる利益（所得）に対して課せられる税金です。単純にいうと、売上から経費を差し引いた金額が利益（所得）となります。法人税は、この利益（所得）に対して税率を乗じて計算されます。

> 法人税額 ＝ 利益(所得) × 税率

※税率について、中小法人（資本金１億円以下。資本金が５億円以上の大法人の100％子会社は該当しない）の場合、利益（所得）が800万円以下の部分に対しては税率19％（2019年３月31日までに開始する事業年度については15％）となり、800万円を超える部分に対しては税率23.2％となります。それ以外の法人（普通法人）は、利益（所得）に対して一律、税率23.2％となります。

◆ 法人税率

	利益（所得）	
	年800万円超（部分）	年800万円以下（部分）
普通法人	23.2%	
中小法人	23.2%	19(15)%

② 地方法人税（国税）

　地方法人税は、2014年に地域間の税源配分を調整するために、各地方自治体が課税していた法人住民税を小さくして、それに見合う金額を国税として国が徴収し、地方自治体へ再配分することを目的として創設されたものです。創設前と比較して納税額総額は変わらないように設計されています。

◆ 地方法人税率

地方法人税額＝法人税額×4.4%
（2019年10月1日以後に開始する事業年度より10.3%）

③ 法人住民税（地方税）

　法人住民税とは、各地方公共団体（都道府県、市区町村）が課す地方税です。法人住民税は、前述の法人税額を基礎に課せられる法人税割部分と、法人の利益（所得）に関係なく課せられる均等割部分の2つに分けられます。

　支店を本店所在地と異なる市区町村に設置した場合には、それぞれの市区町村に均等割の納付が必要となります。

◆ 法人住民税、法人税割、均等割

法人住民税 ＝ 法人税割 ＋ 均等割
　法人税割 ＝ 法人税 × 税率
　均等割 ＝ 法人都道府県民税 ＋ 法人市町村民税
　　　　　東京23区内の場合「法人都民税」として一括で課税

※資本金、従業員数に応じて算出されます。

◆ 法人税割における税率（東京都の場合）

中小法人（資本金1億円以下で、法人税額が年1,000万円以下の場合12.9％（標準税率）
資本金1億円超または、法人税額1,000万円超の場合16.3％（超過税率）

※都道府県、市区町村や時期に応じて税額が異なる場合があります。
※2019年10月1日以後に開始する事業年度より、標準税率7.0％、超過税率10.4％。

◆ 均等割の税額

資本金等の額	従業員数	均等割
1,000万円以下	50人以下	70,000
	50人超	140,000
1,000万円超〜1億円以下	50人以下	180,000
	50人超	200,000
1億円超〜10億円以下	50人以下	290,000
	50人超	530,000
10億円超〜50億円以下	50人以下	950,000
	50人超	2,290,000
50億円超〜	50人以下	1,210,000
	50人超	3,800,000

※都道府県、市区町村や時期に応じて税額が異なる場合があります。

④ 法人事業税（地方税）

　法人事業税は、法人の利益（所得）に対して課せられる地方税です。事業を行ううえで利用する道路や港湾などの各種行政サービスへの対価、という位置付けの税金となります。

　法人事業税は、利益（所得）に対して税率を乗じて計算されます。

> 法人事業税 ＝ 利益(所得) × 税率

◆ 法人所得割における税率（東京都の場合）

所得等の区分			税率（％）			
			2019年9月30までに開始する事業年度		2019年10月1日以降に開始する事業年度	
			不均一課税適用法人の税率（標準税率）	超過税率	不均一課税適用法人の税率（標準税率）	超過税率
所得割	軽減税率適用法人（※）	年400万円以下の所得	3.4	3.65	5.0	5.25
		年400万円を超え年800万円以下の所得	5.1	5.465	7.3	7.665
		年800万円を超える所得	6.7	7.18	9.6	10.08
	軽減税率不適用法人					

※**資本金の額または出資金の額が1億円以下で、かつ、年所得が2,500万円（年収入金額が2億円）以下。**

⑤ 地方法人特別税

地方法人特別税＝利益（所得）× 税率

利益（所得）	税　率
400万円以下	1.47％
400万円超800万円以下	2.20％
800万円超	2.89％

※外形標準課税法人以外の場合。
※2019年10月1日以後に開始する事業年度より廃止され、事業税に組み込まれる。

　以上のほかにも、法人が支払う税金として、商品やサービスの購入（消費）に対して課される消費税や、不動産（土地、家屋）を取得した際に課される不動産取得税、保有する固定資産（土地、家屋など）に対して課される固定資産税、自動車を所有することで課される自動車税などがあります。

(2) 新設法人は消費税が免除

　消費税について、従来は、前々期の売上高が1,000万円を超えているかどうかだけで納税義務を判定していたので、第1期、第2期において、前々期となる売上高が存在しない新設法人は2年間、納税を免除されていました。
　しかし、2013年1月1日以後、上記の前々期の売上が1,000万円を超えているかに加えて、前事業年度開始の日以後6ヶ月の課税売

上高、もしくは、給与等の支払の合計額が1,000万円を超えているかどうか、という条件が追加されました（ただし、設立初年度が7ヶ月以下の場合、この条件はなくなります）。

このため、初年度に消費税が免除がされることは変わりませんが、

設立第2期までの消費税免税事業者となるためのポイント

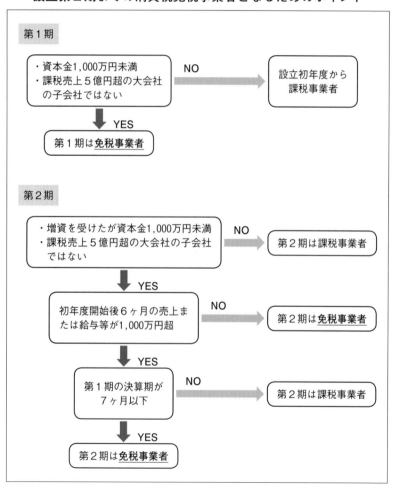

2期目は免除されないというケースが出てきています。

初年度の最初の6ヶ月の売上が1,000万円を超えないように調整するのは難しいかもしれませんが、給与等であれば、賞与の支払時期をずらすことで調整できる場合もあります。

※ただし、**資本金が1,000万円以上となる法人については、設立時から消費税の課税事業者となります。**

消費税は、売上等で預かった消費税から、経費等で支払った消費税を差し引いた残りを計算して納税する、というしくみとなっています。このため、設立初年度でも設備投資（内装工事や高額の機器の購入）を多額に行う場合や、輸出業者のように売上に消費税を上乗せできないものの仕入や経費には消費税がかかる事業の場合、預かった消費税よりも支払った消費税が多くなるケースがあります。

しかし、免税事業者の場合、消費税を納めなくてよい代わりに、支払った消費税が多くなっても還付を受けることができません。

このため、初年度から多額の設備投資を行う場合や輸出業者は、あえて消費税の課税事業者になる届けをすることによって、消費税の還付を受けたほうが得になるケースがあります。この場合、2期目、3期目も課税事業者となります。このため、初年度にあえて課税事業者になって還付を受けたほうが得なのか、初年度多額の設備投資をするが還付は受けずに1期目、2期目に免税事業者でいるほうが得なのかについては、業績の見通しも含めて慎重な判断が求められます。はじめようとする事業で多額の初期投資を行う場合などは、税理士に相談するとよいでしょう。

■5　経理の必要性と士業

(1) 経理の必要性

　法人を設立すると、事業年度終了後に決算申告を行わなければなりません。

　そのため、日々の事業活動における売上や経費を、しっかりと記録しておく必要があります。これを怠ると、いざ決算を行う際に、スムーズに書類を作成できず、期限までに決算申告が間に合わなかったり、誤った申告をしたりしてしまい、後々の税務調査の際に大幅な追徴課税を受けるなど、大きな問題となってしまうでしょう。

　また、定期的に売上、経費の状況を把握しておくことで、決算時に支払う税額を予測し、それに対して節税対策を行うことができますが、決算のギリギリになってようやく状況がわかるのでは、節税対策ができる猶予が残されておらず、結果として多くの税金を納めることになってしまいます。

　とはいえ、創業当初の少ない人数の中で、本業の売上を稼ぎつつ、コツコツと経理業務を行っていくのは極めて難しいことです。自身は本業の売上を稼ぐことだけに集中し、経理に関しては専門家である税理士に任せてしまうほうがよいでしょう。

(2) 専門家（士業）とは

　筆者のような行政書士や税務の専門家である税理士、登記の専門

家である司法書士、法律の専門家である弁護士、労働に関する専門家である社会保険労務士などを総称して、「士業」といいます。

　各士業を有効に活用することで、自身の時間を節約し、いち早く本業が軌道にのるように注力することができます。

(3) 各士業の役割

① 行政書士

　行政書士の主な業務は、官公署に提出する書類の作成や、提出手続の代行です。たとえば、会社設立においては、定款の作成や、公証役場での認証手続の代行を行います。

② 司法書士

　司法書士の主な業務は、登記の手続きです。たとえば、会社設立においては、法務局へ提出する登記申請書等の書類作成や、その提出の代行を行います。

③ 弁護士

　弁護士は主な業務として、代理人・弁護人として法廷で主張をしたり、弁護を行ったりと、訴訟における手続きを担います。また、法律に関する専門家として、契約書の作成や、企業の顧問となることによる法務面のサポートをします。

④ 税理士

　税理士は主な業務として、税務書類の作成や、節税に対する助言等の税務相談を行います。会社設立後においては、決算書類の作成

など、ほぼすべての人が付き合うことになるでしょう。

⑤　社会保険労務士

　社会保険労務士（社労士）の主な業務は、労働関連の法律に基づく各種書類の作成や、提出手続の代行です。たとえば、会社を設立した後、社会保険への加入手続の代行や、就業規則の作成などを担います。また、労使間で発生する賃金不払い等の問題解決を図ることも業務として担います。

第4章
合同会社の設立事例紹介

> 第4章では、合同会社を実際に設立、経営している現役の代表社員の方々4社様にご協力をいただき、さまざまなインタビューを掲載します。
>
> 　合同会社の設立を考える方にとっては、筆者のような専門家の話も大切かもしれませんが、それ以上に今、悩みを抱えながらも実際に合同会社を経営している方々のお話は、非常に参考になることと思います。

■1　合同会社オールスプラウツ

◆代表社員
武藤　麻代

◆本　社
東京都

◆社名の由来
　社名は合同会社オールスプラウツ。英語表記では All Sprouts LLC です。

　ロゴマーク（右参照）にもあるのですが、"Sprout"は双葉、小さくても大地に根を張り芽を出し成長する双葉です。この双葉を私たち生活者1人ひとりと捉え、"All Sprouts"（オールスプラウツ）は双葉が集まるコミュニティを意味しています。

法人化する以前から、食を起点とした健康増進支援活動を任意団体（『学びの食卓』プロデュース（通称：まなしょく））として展開しており、立ち上げ当初から活動の象徴とするロゴマークをそのまま継承し、「生活者1人ひとり自らがヘルスリテラシーを高め、健康を育み合えるコミュニティを形成支援する」というミッションを、社名に反映しています。

◆ 事業内容
・食を基軸とした健康増進プログラム開発および企画運営、支援サービス

◆ サービス内容
　現在は主に、健康経営・人材育成を目的とした法人さま向け食育セミナーおよび食育研修プログラム導入のご提案、中長期にわたる実施運用、効果・実績の可視化にいたるまでのトータルサポートを展開しています。「働き方改革」「ワークライフバランス」という言葉だけが先行しないよう、ニーズや環境に合わせ、働く人が元気に過ごせる組織づくりのお手伝いと、個々のヘルスリテラシー向上を具現化しています。

◆ 合同会社の設立動機
　当社の事業活動を遡ると、自身のがん患者としての原体験をきっかけに、「自らの健康を自ら守れる生活者がマジョリティになる社会を具現化する活動」を始めたことに端を発します。健康課題解決の一助として、生活者を対象とした学びの場づくりを手掛けるかたわら、食育講師として食・体質改善指導を行い、組織や地域に貢献できる健康増進支援サービスを構築し、事業化するにいたりました。

合同会社を選択したのは、肩肘張らず身の丈で、小さく始めたいという思いが何より強かったことが一番の動機です。もともと事業化・法人化を見据えたうえで個人事業主・任意団体代表の立場にあったのですが、次第にクライアントさま、士業の皆さま、知人・友人など各方面から法人格取得のアドバイスをいただく機会が増え、自身でも必要性を感じたことから、設立を決意しました。そして各種法人の設立概要を検討した中で、合同会社が現在のフェーズ・自身の環境に最適だと判断しました。

◆ 合同会社の印象
　「自由度が高い」「コンパクトに動ける」という印象が最も強いです。かつて、合同会社は他の法人格に比べ新しく、信用度に欠けるといったイメージが強かったかもしれません。今も同じイメージを持たれることがあるかもしれませんが、昨今はメジャー企業が合同会社として事業展開する潮流も生まれ、一方で小さくても活気のある合同会社を周囲でみかけることが増えました。今では、社会の認知も向上しているという印象を持ちます。

◆ 合同会社の良い点
　何よりも「設立コスト・設立後の運営コストがリーズナブル」「設立手続きが比較的シンプル」な点があげられます。

◆ 合同会社で困ったこと
　まだ起業したての立場で、これから本稼働するフェーズにあるからかもしれませんが、「合同会社だから」という理由で困ったという場面に直面していません。現状、企業様や自治体様から特別視されることはなく、むしろ応援していただいています。今後も提供す

るサービスで確実に価値を届け、信頼に値する関係性を築くことで、「合同会社だから」という烙印を押されることがないよう真摯に努めていきたいと考えますし、そもそも法人格種別の問題でなく、取引においては事業そのものの真価が問われるものと思います。

◆ 株式会社への組織変更の可能性
　可能性はゼロではないと思います。将来的に事業拡大を検討する際、最適な手段が株式会社となれば変更することも視野に入れて検討する心づもりです。いずれにせよ柔軟に選択したいと考えます。

◆ 今後の展望
　現在の事業および東京と長野の2拠点を基盤としながら、健康の源である「日本の食の魅力・本質的な価値」を届けるため、地方と都市をつなぐ地域連携、海外への発信など更なる展開を目指しています。

◆ 合同会社設立を検討している方へのアドバイス
　「小さく始めたい」「とにかく一度法人としてチャレンジしてみたい」という方におすすめです。リスクを最小化し、資金面、運営面いずれも意思決定やアクションがスムーズで、フットワークよく動けるスタートアップ環境になっていると思います。

〜インタビューを終えて〜
　武藤さんは会社を立ち上げる前から、ビジョンを明確に活動していました。合同会社という受け皿をつくったことをきっかけに、会社名の由来ともなっている双葉が大きく育つように、事業を大きく発展させていくのではと期待しています。

■2　上尾総合学院合同会社

◆ 代表社員
菅原　秀悦

◆ 本　社
埼玉県

◆ 社名の由来
　もともと個人事業として営んでいたパソコン教室の名前が「上尾パソコン教室」で、新しく認知症予防講座を始めるにあたって、地名の上尾はそのまま使い、パソコン教室以外の運営もやるということで総合学院としました。

◆ 事業内容
・パソコン教室の運営
・個別学習塾の運営
・認知症予防講座の運営

◆ 合同会社の設立動機
　創業補助金に応募し、採択されたことをきっかけに、個人事業で営んでいたパソコン教室を法人化し、この法人で新たに認知症予防講座を始めることにしたことです。

◆ 合同会社の印象
　昔の有限会社のように、社長1人の会社に向いています。

◆ 合同会社の良い点
　設立にかかる費用が安いことと、設立後の役員の任期到来ごとの登記が不要で、会社を維持する負担が少なくてよかったことです。

◆ 合同会社を設立してよかったこと
　①個人事業の時には入れなかった社会保険に加入することができたこと、②地元の信用金庫から融資を受けることができたこと、③新事業について市役所にチラシを持っていくとすんなり話を聞いてくれ、イベントの開催につながったことです。

◆ 合同会社で困ったこと
　事業の運営は厳しいにもかかわらず、利益が出ていないときでも均等割という税金を支払わなければならないのは、大変だと感じています。

◆ 株式会社への組織変更の可能性
　今のところありません。

◆ これから起業する方へのメッセージ
　若い人はやる気があれば、積極的に起業してみればいいと思います。うまくいかなくても若ければ何とでもなります。

〜インタビューを終えて〜

　菅原さんは56歳の時に会社を立ち上げ、本書出版時で60歳ですが、とてもパワフルで、前向きに新しいことにも取り組んでいます。筆者も、若い方は失敗しても何とかなると考えますので、思い立ったら即行動で起業すべきと考えます。

■3　メモリアル・コンシェル合同会社

◆ 代表社員
倉田　ミカ

◆ 本　社
東京都

◆ 社名の由来
　大切な人を送り出すご家族の想いを大切にして、きめ細かいサービスで、あらゆるご要望にお応えし、お世話させていただきます、という意味を込め、「メモリアル」と「コンシェルジュ」を組み合わせて社名としました。

◆ 事業内容
・各宗葬祭の請負および装身具、供花、供物、その他葬祭用品の販売ならびに貸付け
・仏壇、仏具および冠婚葬祭用品の企画、製造、販売
・墓地および墓石の販売ならびにその受託および斡旋
・遺品整理に関する業務
・納棺に関する業務

◆ 合同会社の設立動機
　葬儀場や火葬場等と提携するのにあたり、個人事業では信用力がなく、会社組織にする必要があり、なるべく費用をかけずに手続きできる合同会社を設立しました。

◆ 合同会社を設立してよかったこと

　チラシをみてお問い合わせいただいた方から、「葬儀のことはよくわからないが、会社名が書かれていて法人だから、しっかりと対応してもらえ、安心しておまかせできるのではないかと思って連絡した」といっていただいたことがあり、会社を設立していてよかったと思いました。その他にも、会社を設立して事業を始めたことを友人知人に伝えたところ、いざというときはお願いしたいといってもらえ、周りの方々から応援してもらえているので、会社を設立してよかったです。

◆ 合同会社で困ったこと

　レンタルオフィスを利用していますが、契約もスムーズにいきました。今のところ困ったことはありません。

◆ 株式会社への組織変更の可能性

　事業が成長して、出資のお話が出てきたら、考えたいです。

◆ これから起業する方へのメッセージ

　右も左もわからないまま会社を設立しましたが、思っていた以上に周りの方々の助力のおかげで、なんとか会社を運営できています。これから起業される方は、わからないこともたくさんあり、不安なこともあるかもしれませんが、私と同様に小さな一歩を踏み出してみようという場合は、まずは合同会社ではじめてみるのがよいと思います。

(〜インタビューを終えて〜)

　倉田さんは、既存の葬儀会社は料金が不明瞭で、本来はもっと少ない費用で葬儀を行うことができるにもかかわらずみな高いお金を払わされているということで、自身で事業を行うことを決意しました。既存の概念を壊して新しい価値を届けたいという思いでの起業は、非常に良いことだと考えます。これからますますのご活躍を期待しています。

■ 4　匿名希望（投資業）

◆ 代表社員
匿名希望　A氏

◆ 本　社
東京都

◆ 事業内容
・不動産の売買・賃貸および管理
・有価証券等の金融商品の売買、保有および運用
・仮想通貨等に対する投資
・ウェブサイト等の企画、制作、運営、保守、および管理
・経営コンサルティング業務

◆ 合同会社の設立動機
　副業で投資などをするにあたり、法人を設立して節税をしたいと考えました。

◆ 合同会社で困ったこと
　合同会社だから困ったということは特にありません。

◆ 株式会社への組織変更の可能性
　考えていません。

◆ 今後のビジネス展開
　副業で充分な収入と資金をためることができた段階で会社を辞めて、投資家として自由な生活をしたいです。

〜インタビューを終えて〜

　A氏は、現在会社員をしています。不動産投資や金融商品への投資で利益が大きくなり、会社に知られたくないということと、法人の方が税率が低く節税の余知があるということで、法人を設立しました。個人的な資産運用会社のため、設立費用も安くすむ合同会社にしています。いずれは海外に移住したいといっていたので、その際は、筆者も、打ち合わせとリフレッシュを兼ねて訪問できることを楽しみにしています。

第4章 合同会社の設立事例紹介

～4社のインタビューを終えて～

　4社のみなさんに共通していたのは、新しい事業、新しい取組みを始めるにあたり、少しでも早く受け皿となる合同会社を設立しようと考え、行動したことでした。

　筆者は業務の内外で実際に合同会社を運営している方と知り合う機会がありますが、設立前から合同会社の経営者から情報収集をしていました。

　本書初版発行の頃は、まだまだ合同会社の認知度が高いとはいえず、それゆえの社会的な信用のなさという部分が懸念されることもありましたが、この改訂版で新たにインタビューした方々はみな、社会的信用の部分で困ることなど特にないと答えています。

　株式会社を設立するのがいいのか、それとも合同会社とするのかに関連して、今回のインタビューでも少し出てきましたが、最近は資金調達の手段が多様化してきています。ベンチャーキャピタルやクラウドファンディングなどから出資を受け入れて事業を大きくしていこうという考えであれば株式会社が適していますし、まずは身軽に会社組織を手に入れて事業を開始するということであれば合同会社の方が適しています。

　合同会社であれば、設立にかかる費用も抑えられますので、最後にインタビューをしたA氏のように、副業でできるだけコストをかけずに仕事を受ける受け皿をつくりたい場合にも適しています。

　そしてなにより、会社設立にかかる費用を抑えることができるのが合同会社の最大のメリットでもあります。これから起業

しようという方は、合同会社をぜひ検討してください。そして、起業直後で資金の限りがある時期にできるだけ効率的に資金を回すことで、早期に事業を軌道に乗せてほしいと思います。

第5章

実際に合同会社をつくろう

> 第5章では、実際に合同会社をつくる場合の手続きについて説明します。本書では、あくまでも一般的な合同会社の設立の方法について解説しています。ここに書いてあることがすべてではありませんので、ご了承ください。

■ 1　定款作成の準備 ■■

　定款は、会社の目的や組織、業務などについて基本的なルールを定めたものです。

　定款には、絶対に記載しなければならない事項（絶対的記載事項）、記載してもしなくてもよい事項（任意的記載事項）、記載しなくてもよいが、記載しないと効力が発生しない事項（相対的記載事項）の3つがあり、最低限以下の事項を決めていきます。

- 商号（会社の名前）
- 目的（事業内容）
- 本店および支店の所在場所
- 社員（出資者）の氏名または名称（法人も社員になれます）および住所
- 業務執行社員の氏名または名称
- 代表社員の氏名または名称および住所
- 資本金の額
- 社員の出資の目的およびその価額または評価の標準
- 事業年度
- 公告の方法

定款の各記載事項において、語句の説明や注意事項等については第2章でも触れていますので、あわせてご確認ください。

(1) 商　　号

　商号とは、会社の名前のことです。合同会社の商号を決定する際に、以下のルールに注意しなければなりません。

① 「合同会社」という文字を商号中に使用すること

OK例　「○○○合同会社」「合同会社○○○」

② 会社の一部門を示す文字は使用できない場合がある

NG例　「合同会社ウェイビー埼玉支店」

③ 使用するために、一定の要件や許認可が必要な言葉がある

許認可等が必要な例　「銀行」「消費生活協同組合」「信託会社」
　　　　　　　　　　「保険会社」「証券会社」

④ 使用できる文字には制限がある

　使用可能な文字は、漢字、ひらがな、カタカナ、ローマ字、アラビア数字や「&」「'」「,」「-」「.」「・」などの符号となります。

OK例　「○○&○○合同会社」

※字句（日本文字を含む）を区切る際の符号として使用する場合に限り用いることができます。商号の先頭または末尾に用いることはできません。ただし、「.」（ピリオド）については、その直前にローマ字を用いた場合に省略を表すものとして商号の末尾に用いることが認められています。なお、ローマ字を用いて複数の単語を表記する場合に限り、単語の間を区切るために空白（スペース）を用いることもできます（法務省「商号にローマ字を使用することについて」より）。

⑤ 「合同会社」を略すことはできない

NG例 「(合) ○○○○」

(2) 目　的

　目的とは、設立する会社が行うビジネス（事業）の内容のことです。目的を定める場合の注意点は次のとおりです。

① 　将来行うかもしれない事業も記載しておく
　事業目的を定める場合には、現実に営んでいる事業やすぐに始めたい事業だけでなく、将来的に営もうとする事業も記載しておくほうがよいでしょう（第2章2(3)参照）。

※目的の数に制限はありません。ただし、「適法性」「営利性」「明確性」を具備していなければなりません。明確性については、当該会社がどのような営業活動をするものであるかを「第三者」が判断できる程度に明確にしておく必要があります。また、目的の最後に「前各号に附帯する一切の事業」と記載しておけば、さらに目的の範囲が広がります。

② 許認可を要する業種

事業の開始時に許認可を要する業種(建設業、宅建業、労働者派遣事業、産廃業、酒類製造業、薬局、質屋、古物商、飲食店業、銀行業、ガス事業など)が入っているときは、関係行政庁に打診しましょう。

(3) 本店所在地

本店所在地とは、本社を置く住所のことです。定款に記載する方法は2種類あります。

① 町名・番地まで記載する

「当会社は本店を兵庫県西宮市浜甲子園2丁目〇番×号に置く」
というように、所在地が具体的にわかるように住所を町名・番地まで記載します。

② 最小行政区画を記載する

「当会社は本店を東京都渋谷区に置く」
「当会社は本店を埼玉県さいたま市に置く」
というように、最小行政区画まで記載します。

※最小行政区画とは「市町村」および「東京23区」と「政令指定都市の区」のことです。

ここで「本店記載方法は①と②のどちらがよいか?」という疑問が出てくるかもしれません。

①の方法で記載した場合は、本社を移転すると必ず定款の変更手

続が必要になります。一方、②の方法で記載した場合、最小行政区画内（同じ市区町村内）の移転ならば定款の変更手続は不要です。

　将来的に同じ市区町村内で移転を考えているならば、②の方法にしておくほうが便利です。

(4) 社　　員

　合同会社における社員とは、合同会社を設立する際に必要なお金を出資する人のことをいいます。

　会社を設立する際にお金を出資する人は、必然的に社員として定款に記載しなければなりません。

　また、合同会社の社員として法人、つまり他の株式会社が合同会社の社員になることも可能です。その場合には、その法人の取締役会などで、合同会社の職務を執行する人を決めなければなりません（決定機関はその法人の形態により変わります）。ただし、その法人が「業務執行社員」にならない場合には、業務執行をしない社員は登記が不要のため、その法人の名称も職務を執行する人も、謄本に記載されることはありません。とはいえ、その法人の誰が合同会社にかかわっているのか責任を明確にする意味では、職務執行者を決めておいたほうがよいでしょう。

　合同会社の社員（出資者）には、原則として会社の代表者として業務執行権と代表権があります。そのため、他の会社との取引など重要なことも、1人ひとりの社員（出資者）の名前と印鑑だけで契約を取り交わすことができます。

(5) 業務執行社員

　複数名で合同会社を設立した場合、社員（出資者）全員が経営に参加するなら問題はないのですが、「お金は出すけど経営は面倒なのでやりたくない」とか「経営は経験豊富な○○さんに任せたい」といった理由から、経営に参加したくない人もいると思います。

　このような社員（出資者）がいる場合は、「業務執行社員○○」と定款に定めることにより、業務執行権のある社員と業務執行権のない社員に分けることができます。

　定款にこの業務執行社員を定めた場合、その社員は「会社経営に参加する社員（業務執行社員＋出資者）」であり、業務執行社員として記載しない社員は、「出資はするが経営には参加しない者（単に出資者）」となります。

(6) 代表社員

　代表社員は、合同会社の代表者を示す名称です。株式会社では「代表取締役」と呼ばれますが、合同会社では「社員全員を代表する」ということで「代表社員」と呼ばれます。

　なぜ、代表社員を決める必要があるのでしょうか？

　業務執行社員を定款で複数名定めた場合、代表権を持つ社員（出資者であり、業務執行社員であり、代表社員である者）が複数名存在することになります。

　複数名の社員（出資者）が会社の代表権を持ってしまうことは、「誰がその会社の代表者か（責任者は誰か）がわからない」「各社員がそれぞれ勝手に契約（意思表示）してしまう可能性がある」「き

ちんと他の役員の間で意思が統一されているかわからない」等、取引先を不安にさせてしまいます。

　そのようなトラブルを防ぐために、株式会社等のように「会社を代表する者」を１人（もしくは数名）に決めるほうがよいでしょう。

　また、(4)で述べた「他の法人が社員になる場合」と同様に、株式会社等の法人を代表社員とすることもできます。その場合は、その法人の中から「職務執行者」を１名選任する必要があります。

※業務執行社員にならない者は、代表社員になることはできません。経営に参加しない者が会社の代表であるという矛盾した状況になるからです。

(7) 資本金

　合同会社の資本金も株式会社の資本金と同様、１円以上で設立可能です。

〈信用・資金調達の観点からの資本金設定〉

　いくら資本金１円から合同会社設立ができるとはいっても、資本金額は登記事項ですので、履歴事項証明書（登記簿謄本）にバッチリ記載されます。履歴事項証明書は誰でも数百円で取得可能ですので、誰かがあなたの会社の資本金額を調べようと思えば、いつでも調べられます。

　たとえば、次の２社のどちらかと取引するとき、またはお金を貸すとき、あなたはどちらの会社を選びますか？

○ 資本金１円の合同会社Ａ
○ 資本金500万円の合同会社Ｂ

　要は、資本金額とは信用性の指針の１つなのです。
　資本金は、万一の際（倒産時）には返ってこないお金ですので、資本金を多く設定するということは信頼性の表れであり、事業にかける熱意・真剣度の表れといえます。そういう意味では、あまり過少にならず、かつ倒産時に痛手を負わない金額で考え、設定することをおすすめします。
　資本金は、そのまま使うことのできないお金ではなく、会社設立後は自由に事業用に使えるお金ですので、３～６ヶ月程度の運転資金額を資本金として設定しておけばよいでしょう（どちらにしても運転資金は必要なので）。

(8) 社員の出資の目的およびその価額または評価の標準

　「社員の出資の目的およびその価額または評価の標準」とは、合同会社を設立する際に社員となる者が資本金として振り込む金額（または、現物出資した場合には、その現物の評価額）のことをいいます。
　合同会社の各社員は出資義務を負い、信用や労務の出資（合名会社、合資会社の無限責任社員は認められる）は認められておらず、また設立の登記をするときまでに出資金額の全額払込を要します。
　社員が１人の場合は、「社員〇〇出資金額〇〇万円」と記載し、社員が複数名いる場合には、「社員〇〇出資金額〇〇万円。社員△

△出資額△△万円。」というように、社員数と各自が出資した金額をそれぞれ記載します。

(9) 公告の方法

「公告」とは、法律で決められた出来事（決算や合併、分割、組織変更、解散等）が起きた場合に、その事柄を広く一般に知らしめることをいいます。

手段としては、次の3つの方法があります。

> ① 官報に掲載する
> ② 時事に関する事項を掲載する日刊新聞紙に掲載する
> ③ 電子広告に掲載する

②の日刊新聞紙はコストがかかりすぎてしまうので、中小企業には使いにくい方法です。そうすると、①官報か③電子公告のいずれかということになります。

①官報は国が発行する機関紙で、その決算公告の掲載料は約5～9万円です。従来から幅広く利用されてきた、最もポピュラーな方法です。

③電子公告は、2005年2月に施行された制度で、自社のホームページを利用して公告を行うことです。費用については、登録を受けた調査機関の電子公告調査を受けるものとされているため、調査機関ごとに異なります。公告の種類や期間によっても異なりますが、最低でも約5万円の費用がかかってきます。

電子公告による方法をとる場合は、定款には「電子公告により行

う」旨を記載し、掲載先の URL を登記する必要があります。

　公告方法を定款で定めなかった場合は、自動的に官報に掲載することになります。

(10) 合同会社における経営の意思決定

　合同会社は、定款で特別に業務執行社員等を定めなければ、合同会社の社員（出資者）全員が会社の代表者となるので、複数の出資者で合同会社を設立した場合、会社の経営に関する意思決定は、原則、出資者全員の過半数の同意により行うものとされています。

　定款で業務執行社員を限定した場合は、業務執行社員の過半数で決めることになっています。しかしながら、業務執行権を持つ社員の人数が多い場合には、「過半数」では、いつまでたっても意見がまとまらない可能性もあります。そのため、定款で意思決定の方法を過半数以外の方法に定めることもできます。
　たとえば、「過半数」ではなく、「多数決」にすることもできます。逆に、重要事項の意思決定は「総社員の３分の２以上の賛成」などとすることも可能です。

■2　実際の書類作成方法 ■■

(1) 定款の書式例

まず、定款の表紙をつくります。

次に、定款の内容を記載します。

定款には出資者（資本金を出す方）の氏名・住所・出資した金額を記載する必要がありますが、この氏名・住所に関しては印鑑証明書どおりに記載する必要があります。よって、正確に定款を作成するために、出資者全員の印鑑証明書が１通ずつ必要です。

この印鑑証明書は法務局には提出しませんが、合同会社の設立には必要ですので、忘れないように準備しておきましょう。

【定款】注意事項

- **Ⓐ** 設立する会社の名称を記載します。
- **Ⓑ** 「適法性」「営利性」「明確性」を具備したもので、かつ、将来行う可能性のあるものを全部記載します。
- **Ⓒ** 町名・番地まで記載する方法、最小行政区画のみを記載する方法、どちらでも可です。
- **Ⓓ** ①官報、②日刊新聞紙、③電子公告いずれかを選択します。
- **Ⓔ** 社員が複数の場合はそれぞれの出資金額、氏名、住所を記載します。
- **Ⓕ** 社員の氏名を記載します。
- **Ⓖ** 社員の住所を記載します。
- **Ⓗ** 税制上、設立日の月から１年間をおすすめします（１月設立で営業年度を３月までとすると、決算や確定申告等の煩雑な手続きがすぐにきてしまうことや、消費税が免除される期間が短くなってしまう可能性があります）。
- **Ⓘ** 資本金を振り込んだ日付を記載します。

定　款

第1章　総　則

（商号）
A 第1条　当会社は，合同会社法令商店と称する。

（目的）
B 第2条　当会社は，次の事業を営むことを目的とする。
　　1．ウェブサイト等の企画、デザイン、制作、運営
　　2．仮想通貨投資、マイニング事業
　　3．飲食店の経営
　　4．経営及びマーケティングに関するコンサルティング
　　5．前各号に附帯する一切の業務

（本店の所在地）
C 第3条　当会社は，本店を東京都千代田区に置く。

（公告の方法）
D 第4条　当会社の公告は，官報に掲載する方法により行う。

第2章　社員及び出資

（社員の氏名、住所、出資及び責任）
第5条　当会社の社員の氏名及び住所、出資の価額は次のとおりである。
E 　　　　金100万円　東京都千代田区丸の内○丁目○番○号
F 　　　　有限責任社員　法令太郎
G 　　　　金100万円　東京都千代田区丸の内○丁目○番○号
　　　　有限責任社員　法令花子

（相続による持分の承継）
第6条　当会社の社員が死亡した場合には、当該社員の相続人は、持分を承継して社員となることができる

第3章　業務執行及び代表権

（業務執行社員）
第7条　社員法令太郎及び法令花子を業務執行社員とし、当会社の業務を執行するものとする。

（代表社員）
第8条　当会社の代表社員は業務執行社員の互選によって定めるものとする。

第4章　計　算

（事業年度）
❽ 第9条　当会社の事業年度は，毎年4月1日から翌年3月末日までの年1期とする。

第5章　附　則

（定款に定めのない次項）
第10条　この定款に定めのない事項は，すべて会社法その他の法令に従う。

以上、合同会社法令商店設立のため、この定款を作成し、社員が次に記名押印する。

❾ 2019年1月4日

　　有限責任社員　　法令太郎　㊞

　　有限責任社員　　法令花子　㊞

　　　　　　　　　　　　　㊞　　㊞

(2) 法務局に提出する書類

　自分自身で合同会社を設立する際、一般的に法務局に提出する書類は以下のとおりです。

☞ 一般的な合同会社設立の提出書類等

①	合同会社設立登記申請書	1部	99頁
②	収入印紙	1枚	99頁
③	代表社員、本店所在地及び資本金決定書	1部	102頁
④	就任承諾書	＊	104頁
⑤	払込証明書	1部	106頁
⑥	「登記すべき事項」を入力したCD-R等	1部	110頁
⑦	定　款	1部	111頁
⑧	代表社員の印鑑証明書	1部	111頁
⑨	印鑑（改印）届書	1部	112頁
⑩	会社の実印に使用する印鑑	1個	114頁

　　　　　　　　　　　　　　　　＊　発起人の人数×部数

☞ 場合によっては必要となる書類

⑪	資本金の額の計上に関する証明書	1部	114頁
⑫	財産引継書	1部	114頁
⑬	委任状	1部	114頁

① 合同会社設立登記申請書

　Ａ４のコピー用紙など白紙の紙を使用して作成します。法務局に「こういう会社を設立します」という申込書のような意味を持つ書類です。同時に提出する書類も添付書類として記載します。

　書式例のように、設立する合同会社の名称、所在地、また、申請書に添付する書類が何部ずつ添付されているかということを記載します。

② 収入印紙

①合同会社設立登記申請書の余白に収入印紙を貼り付けます。

合同会社設立登記申請書 ㊞ **A**

B 1. 商　号　　　　フリガナ　ホウレイショウテン
　　　　　　　　　合同会社法令商店

C 1. 本　店　　　　東京都千代田区岩本町〇丁目〇番〇号

　　1. 登記の事由　　設立の手続終了

　　1. 登記すべき事項　別添CD-Rのとおり

D 1. 課税標準金額　金200万円

E 1. 登録免許税　　金6万円

　　1. 添付書類
　　　　定款　　　　　　　　　　　　　　　1通
　　　　代表社員、本店所在地及び資本金決定書　1通
　　　　代表社員の就任承諾書　　　　　　　　1通
　　　　払込みがあったことを証する書面　　　1通

上記のとおり登記の申請をします。

G　　　年　　月　　日

　　　　　　　　東京都千代田区岩本町〇丁目〇番〇号
　　　　　　　　　　　　　　H
　　　　　　　　申請人　合同会社法令商店

　　　　　　I　東京都千代田区丸の内〇丁目〇番〇号

　　　　　　　　代表社員　法令太郎　　㊞ **F**

　　　　　　J　連絡先の電話番号　090-〇〇〇〇-〇〇〇〇

　　　　K　東京法務局　御中

[収入印紙]

【合同会社設立登記申請書】注意事項

Ⓐ 法務局に登録する会社の実印（丸印）を押します。
代理人が法務局へ行く場合は、代理人の印鑑を押します。

Ⓑ 商号　合同会社○○○の上にカタカナで読み方を記載します。

Ⓒ 会社の所在地です。町名・番地まで記載します。

Ⓓ 資本金の額を記載します。

Ⓔ 資本金額の1000分の7（6万円に満たないときは、申請件数1件につき6万円）です。

Ⓕ 法務局に登録する会社の実印（丸印）を押します。
登記申請を代理人に任せる場合は、ここに代理人の住所・氏名を記入し、代理人の認印を押印します（この場合は、本申請書に法人代表者印を押印する必要はありません）。

Ⓖ 法務局に書類を提出する日を記入します。郵送する場合は空欄でかまいません。

Ⓗ 代理人を申請人にする場合には、代理人の住所、氏名を記載します。自身で申請する場合には、自身の住所、氏名を記載します。

Ⓘ 設立する合同会社の代表社員の住所（印鑑証明書記載のもの）、氏名を記載します。

Ⓙ 日中に連絡をとることのできる連絡先を記入します。

Ⓚ 会社を設立する地域を管轄する法務局に宛てます。

③　代表社員、本店所在地及び資本金決定書

「代表社員、本店所在地及び資本金決定書」は、「本店の所在地はここに決め、資本金の額はいくらになります」ということを書面にしたものです。

【代表社員、本店所在地及び資本金決定書】注意事項

Ⓐ　社員が個人の場合は、個人の実印を押します。
　　社員が法人の場合は、法人の実印を押します。
Ⓑ　会社の所在地です。町名・番地まで記載します。
Ⓒ　資本金を払い込んだ日付を記入します。

㊞　㊞　**Ⓐ**

代表社員、本店所在地及び資本金決定書

設立時の代表社員、本店所在地及び資本金の額に関する事項は下記の通りとする。

1．代表社員　法令太郎

2．本店の所在地　本店　東京都千代田区岩本町〇丁目〇番〇号　**Ⓑ**

3．資本金　金200万円

以上の決定事項を明確にするため、本決定書を作成し、発起人が次に記名押印する。

2019年1月4日　**Ⓒ**

　　　　　　　　　　　　　合同会社法令商店
　　　　　　　　　　　　　　社員　法令太郎　㊞　**Ⓐ**

　　　　　　　　　　　　　　社員　法令花子　㊞

④　就任承諾書

※定款で設立時の代表社員が定められ、社員として定款の末尾に実印にて記名押印している場合は不要

　合同会社の代表社員になった者が、「代表社員に就任することを承諾します」ということを記載した書類です。

　就任承諾書とは、形式上設立する合同会社から代表社員になる者へ宛てた書類です。
　合同会社からの「代表社員はあなたです」という決定に対し、代表社員になる者が「それを承諾します」という内容が記載されている書類になります。

第5章　実際に合同会社をつくろう

㊞ **Ⓐ**
就任承諾書

　私は，2019年1月4日，貴社の代表社員に定められたので，その就任を承諾します。 **Ⓒ**

2019年1月4日

　　　　　　　　　　　　　　　東京都千代田区丸の内○丁目○番○号 **Ⓓ**
　　　　　　　　　　　　　　　代表社員　法令太郎 ㊞ **Ⓐ**

Ⓑ 合同会社法令商店　御中

【就任承諾書】注意事項

Ⓐ 代表社員に就任する人の個人の実印を押します。
Ⓑ 設立する合同会社の名称を記載します。
Ⓒ 資本金を払い込んだ日付を記入します。
Ⓓ 代表社員になる者の住所（印鑑証明書記載のもの）、氏名を記載します。

⑤　払込証明書

　資本金が振り込まれたことを証明する書類です。「証明書」と「振り込んだ預金通帳のコピー」とで作成します。

　払込証明書を作成するにあたり、当然のことながら、資本金を預金口座に入金しなければなりません。
　預金口座は、現在あるものを利用してもかまいません（この時点では、会社の預金口座をつくることができません）。
　出資者が1人の場合、自分の口座に（振込みではなく）入金すればOKです。
　出資者が複数人の場合、代表者となる方以外の出資者は、代表者の口座に振り込みます。あるいは、代表者に直接現金を手渡し、代表者がこれを入金するかたちでも問題ありません。
　また、代表となる方については、定款を作成し出資する金額が決定した以後の日に、預金残高から資本金相当額をいったん引き出したうえで再入金したものを「資本金である」と扱うこともできます。

第5章 実際に合同会社をつくろう

㊞ **Ⓐ**
払込みがあったことを証する書面

　当会社の資本金については以下のとおり，全額の払込みがあったことを証明します。

払込みを受けた金額　金200万円 **Ⓑ**

2019年1月4日
Ⓒ
　　　　　　　　　　合同会社法令商店
　　　　　　　　　　代表社員　法令太郎　㊞ **Ⓐ**

【払込証明書】注意事項

Ⓐ 法務局に登録する会社の実印（丸印）を押します。

Ⓑ 資本金の額を記載します。

Ⓒ 資本金を払い込んだ日付を記入します。

■ 通帳のコピーの取り方

資本金を払い込んだ口座の通帳をコピーします。

【コピーする場所】

> ① 通帳の表紙（「〇〇銀行〇〇支店」「普通預金口座番号」「〇〇〇〇様」と記載されている部分です）
> ② 表紙の裏
> ③ 資本金を払い込んだ日付と金額がわかるページ
>
> ※該当する行をラインマーカー等で線を引き、預入欄で名前の記帳がされないときでも、誰の資本金であるかが一目でわかるようにします。

①次の表紙のコピー

②通帳の表紙裏のコピー
（表紙をめくった2ページ目と3ページ目部分）

③明細のコピー
（資本金の入金がわかる部分）

年月日	摘要	預り金額	差引残高
□□□	預入	1,000,000	××××

※口座に資本金分の残高がある場合、その残高部分をコピーして資本金の証明にしようとする人がいますが、それでは法務局は受け付けてくれません。
　あくまで「資本金」として新たに口座に入金した、という証拠が必要です。

■ 「払込証明書」の製本方法

①

「払込証明書」と通帳のコピーを重ねる。

②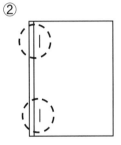

左側2ヶ所をホチキスでとめる。

③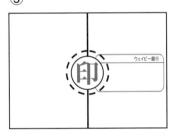

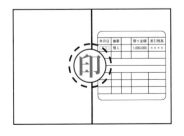

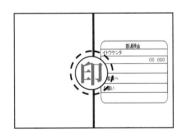

ページを開いて、証明書と通帳のコピーの各ページ間、およびその他のページの間に「払込証明書」に押したものと同じ印鑑で割印をする。

資本金となる金額をわかりやすいように蛍光ペン等でマーキングする。
出資者が複数の場合は、人数分をマーキングする。

⑥ 「登記すべき事項」を入力した CD-R 等

登記すべき事項（登記簿謄本に記載される事項）を入力した CD-R 等（「電磁的記録媒体」といいます）です。

「メモ帳」機能等を利用してテキスト形式で作成し、ファイル名は「(任意の名称).txt」として記録します。

「登記すべき事項」

- 「商号」合同会社法令商店
- 「本店」東京都千代田区岩本町〇丁目〇番〇号 Ⓐ
- 「公告をする方法」官報に掲載する方法により行う。
- 「目的」
  1．ウェブサイト等の企画、デザイン、制作、運営
  2．仮想通貨投資、マイニング事業
  3．飲食店の経営
  4．経営およびマーケティングに関するコンサルティング
  5．前各号に附帯する一切の業務
- 「資本金の額」金200万円
- 「社員に関する事項」
- 「資格」業務執行社員
- 「氏名」法令太郎
- 「社員に関する事項」
- 「資格」業務執行社員
- 「氏名」法令花子
- 「社員に関する事項」
- 「資格」代表社員
- 「住所」東京都千代田区丸の内１丁目１番１号 Ⓑ
- 「氏名」法令太郎
- 「登記記録に関する事項」設立

【「登記すべき事項」を入力したCD-R等】注意事項
- **Ⓐ** 会社の本店の住所です。町名・番地まで記載します。
- **Ⓑ** 代表社員の住所（印鑑証明書に記載のもの）、氏名を記載します。

⑦ 定　　款

(1)（94頁）で作成して押印した定款に、4万円分の収入印紙を貼ります。司法書士、行政書士などの専門家に電子定款の作成を依頼した場合は収入印紙は不要で、電子定款を記録したCD-R等（電磁的記録媒体）を提出することになります。

⑧ 代表社員の印鑑証明書

会社を代表する者（社長）の印鑑証明書です。

⑨ 印鑑（改印）届書

　会社の実印に使用する印鑑の印影を法務局に届け出るための書類です。

【印鑑（改印）届書】注意事項（代表社員が申請者の場合）

- Ⓐ 法務局に届け出る会社の実印を押印します。
- Ⓑ （　）内に代表社員と記載します。
- Ⓒ 生年月日を記入します。
- Ⓓ 会社法人等番号に関する項目は何も記入しません。
- Ⓔ 印鑑カードに関する項目は何も記入しません。
- Ⓕ 届出人に関する項目は「印鑑提出者本人」にチェックを入れます。
- Ⓖ 代表社員の個人の実印を押印します。
- Ⓗ フリガナも必ず記入します。
- Ⓘ チェックを必ず入れます。
- Ⓙ 注1〜4を必ずご確認ください。

第5章　実際に合同会社をつくろう

印 鑑 （ 改 印 ） 届 書

※ 太枠の中に書いてください。

（地方）法務局　　支局・出張所　　平成　年　月　日　申請

（注1）（届出印は鮮明に押明してください。）	商号・名称	
Ⓐ 印	本店・主たる事務所	
	印鑑提出者　資　格	代表取締役・取締役・代表理事 理事・（　　　　　　　）**Ⓑ**
	氏　名	
	生年月日	大・昭・平・西暦　　年　月　日生 **Ⓒ**
Ⓔ（注2）☐ 印鑑カードは引き継がない。 ☐ 印鑑カードを引き継ぐ。	会社法人等番号 **Ⓓ**	
印鑑カード番号 前　任　者		（注3）の印 **Ⓖ** 印
届出人（注3）**Ⓕ**☑ 印鑑提出者本人　　☐ 代理人		
住　所		
フリガナ 氏　名	**Ⓗ**	

委 任 状

私は，（住所）
　　　（氏名）
を代理人と定め，印鑑（改印）の届出の権限を委任します。
　平成　　年　　月　　日
　住　所　　　　　　　　　　　　　　　　　　（注3）の印
　氏　名　　　　　　　　　　　　　　　　印　[市区町村に登録した印鑑]

Ⓘ ☑ 市区町村長作成の印鑑証明書は，登記申請書に添付のものを援用する。（注4）
Ⓙ（注1）　印鑑の大きさは，辺の長さが1cmを超え，3cm以内の正方形の中に収まるものでなければなりません。
（注2）　印鑑カードを前任者から引き継ぐことができます。該当する☐にレ印をつけ，カードを引き継いだ場合には，その印鑑カードの番号・前任者の氏名を記載してください。
（注3）　本人が届け出るときは，本人の住所・氏名を記載し，**市区町村に登録済みの印鑑**を押印してください。代理人が届け出るときは，代理人の住所・氏名を記載し，押印（認印で可）し，委任状に所要事項を記載し，本人が**市区町村に登録済みの印鑑**を押印してください。
（注4）　この届書には作成後3か月以内の**本人の印鑑証明書**を添付してください。登記申請書に添付した印鑑証明書を援用する場合は，☐にレ印をつけてください。

印鑑処理年月日				
印鑑処理番号	受　付	調　査	入　力	校　合

（乙号・8）

113

⑩ 会社の実印に使用する印鑑（1個）

　書類ではありませんが、会社設立には必ず必要です。社員1人のケース、印鑑が間に合わないときなどは、とりあえず個人の印鑑を会社の実印として後で変更することも可能です。

──────────────────────────

　また、場合によって提出が必要な書類は、以下のとおりです。

⑪ 資本金の額の計上に関する証明書

　資本金として現物出資を行う場合、「資本金の額がこのように計算されました」ということを証明する書類です。

⑫ 財産引継書

　資本金として現物出資を行う場合、「現物出資を行う社員が、その財産を代表社員に引き渡しました」ということを証明する書類です。

⑬ 委 任 状

　登記手続を他人に依頼する場合に必要となります。

■3　法務局への登記

(1) 書類を提出する法務局の管轄

　書類を提出する法務局は、本社の住所を管轄する法務局になります。下記のホームページからご確認ください。
　　http://www.moj.go.jp/MINJI/minji10.html

(2) 書類の提出方法

　本章2で作成した書類に捺印し、下図のようにクリップ等でとめて、管轄の法務局に提出します。

◆ 書類の提出

【書類提出の注意点】

- 109頁のとおり、払込証明書と通帳コピーについてはホチキスでとめ、ページ間に割印をします。
- 印鑑届書は、折り曲げたり汚したりしないよう注意してください。
- 専門家に依頼して電子定款を作成した場合は、CD-R等に「定款」と「登記すべき事項」を一緒に記録して提出してもよいです。
- 法務局に提出する前に、申請書類すべての写しをとっておきましょう。補正や修正が発生した時に確認しながら対応できます。

(3) 登記が完了するまでの期間

登記が完了するまでの期間は3～14営業日程度ですが、法務局によってだいぶ異なります。

(4) 登記完了後

銀行法人用口座の開設等に必要となる、「履歴事項全部証明書」「印鑑カード」「印鑑証明書」を取得するために、再度法務局へ行きます（**第6章参照**）。

※「履歴事項全部証明書」はいろいろな場面で使用しますので、**複数部とると便利**です。

それらを取得したら銀行へ行き、法人口座を開設します。口座開設まで事業の入出金がなければ、個人口座に入れた資本金を新しく開設した法人口座に入金しましょう。法人口座開設までに経費の支払いなどで資本金を取り崩しているときは、残った金額を法人口座に入れれば問題ありません。

☞ 法務局提出書類を郵送する場合

法務局提出書類を郵送する場合について説明します。

① 収入印紙

収入印紙を購入します。資本金の1000分の7の金額となります。資本金の1000分の7の金額が6万円未満の場合は6万円になります。

② 収入印紙貼付

収入印紙を設立登記申請書の余白に貼ります。

③ あいさつ状

次の項目を紙に書き、会社設立に必要な書類と一緒に封筒に入れます。

合同会社の設立登記を申請しますのでよろしくお願いします。

合同会社法令商店
法令 太郎
東京都千代田区岩本町〇丁目〇番〇号
03 - 1234 - 〇〇〇〇

---

④ 宛名の書き方

封筒に提出先の法務局の住所と法務局名を記入します。例の場合、宛名は「東京法務局商業登記部門御中」と書きます。

⑤ 郵送する際の注意点

　法務局へ書類を送る際には、高額な印紙が貼り付けられていますので、できる限り到達の確認が可能な書留、配達記録、宅配便など、記録が残る方法で送りましょう。

※郵送の場合、「合同会社設立登記申請書」の日付は空欄でもかまいません（101頁参照）。

第6章

合同会社設立後に行う手続き

> 第6章では、合同会社を設立した後で、役所などへの届出など、行わなければならない手続きについて説明します。

■1　印鑑カード、謄本の取得

　会社の設立日は、法務局へ書類を提出した日（郵送の場合は、法務局にて郵送物を受領した日）となりますが、その日からしばらくは提出書類の審査期間となります。

　審査期間は、法務局や提出する時期によりますが（年末の12月や年度末の3月は審査期間が長くなります）、おおむね3～14営業日程度となります。審査期間が終われば、法務局にて会社の登記簿謄本や、法務局へ登録した会社実印の印鑑証明書、印鑑カードを取得することができます。

　取得の際には、それぞれ次の書類に必要事項を記載し、法務局へ申請を行います。

　法務局に証明書発行請求機が設置されている場合は、タッチパネルに請求情報の入力を行えば、これらの交付申請書の記入をしなくても証明書を受け取ることができます。

※印鑑証明書を証明書発行請求機で取得する場合には、印鑑カードが必要です。また、ご自宅や会社からオンラインで証明書を取得することも可能です。

第6章 合同会社設立後に行う手続き

◆ 登記事項証明書・登記簿謄抄本・概要記録事項証明書交付申請書

会社法人用

登記事項証明書
登記簿謄抄本　交付申請書
概要記録事項証明書

※ 太枠の中に書いてください。

（地方）法務局　　支局・出張所　　平成　年　月　日　申請

窓口に来られた人（申請人）	住所	東京都千代田区丸の内〇丁目〇番〇号	収入印紙欄
	フリガナ 氏名	ホウレイ　タロウ 法令　太郎	収入印紙
商号・名称 （会社等の名称）		合同会社法令商店	
本店・主たる事務所 （会社等の住所）		東京都千代田区岩本町〇丁目〇番〇号	収入印紙
会社法人等番号		0101-01-000001	

※ 必要なものの□にレ印をつけてください。

請　　　求　　　事　　　項	請求通数
①全部事項証明書（謄本） ☑ 履歴事項証明書　（閉鎖されていない登記事項の証明） ※当該証明書の交付の請求があった日に加えて、当該証明書の交付の請求があった日の3年前の日の属する年の1月1日から請求があった日までの間に抹消された事項を記載したものです。 □ 現在事項証明書　（現在効力がある登記事項の証明） □ 閉鎖事項証明書　（閉鎖された登記事項の証明） ※当該証明書の交付の請求があった日の3年前の属する年の1月1日よりも前に抹消された事項を記載したものです。	1通
②一部事項証明書（抄本） 　□ 履歴事項証明書 　□ 現在事項証明書 　□ 閉鎖事項証明書 ※商号・名称区及び会社・法人状態区は、どの請求にも表示されます。	※ 必要な区を選んでください。 □ 株式・資本区 □ 目的区 □ 役員区 □ 支配人・代理人区 ※2名以上の支配人・参事等がいる場合で、その一部の者のみを請求するときは、その支配人・参事等の氏名を記載してください。 （氏名　　　　　　　　　　　） （氏名　　　　　　　　　　　） □ その他（　　　　　　　　　）	通
③□代表者事項証明書　（代表権のある者の証明） ※2名以上の代表者がいる場合で、その一部の者の証明のみを請求するときは、その代表者の氏名を記載してください。（氏名　　　　）	通
④コンピュータ化以前の閉鎖登記簿の謄本 　□ コンピュータ化に伴う閉鎖登記簿謄本 　□ 閉鎖謄本（　　　年　　月　　日閉鎖） 　□ 閉鎖役員欄（　　　年　　月　　日閉鎖） 　□ その他（　　　　　　　　　　　　）	通
⑤概要記録事項証明書 　□ 現在事項証明書（動産譲渡登記事項概要ファイル） 　□ 現在事項証明書（債権譲渡登記事項概要ファイル） 　□ 閉鎖事項証明書（動産譲渡登記事項概要ファイル） 　□ 閉鎖事項証明書（債権譲渡登記事項概要ファイル） ※請求された登記記録がない場合には、記録されている事項がない旨の証明書が発行されます。	通

（収入印紙は割印をしないでここに貼ってください。）
（登記印紙も使用可能）

交付通数	交付枚数	手数料	受付・交付年月日

（乙号・6）

◆ 印鑑証明書交付申請書

会社法人用	印鑑証明書交付申請書	

※ 太枠の中に書いてください。
　　（地方）法務局　　　支局　　・出張所平成　年　月　日　申請

商号・名称 （会社等の名前）	合同会社法令商店	収入印紙欄
本店・主たる事務所 （会社等の住所）	東京都千代田区岩本町〇丁目〇番〇号	収入印紙
支配人・参事等を置いた営業所又は事務所		
印鑑提出者	資格　代表取締役・取締役・⦿代表社員⦿・代表理事・理事・支配人 （　　　　　　　　　　） 氏名　法令　太郎 生年月日　大・㊊・平・西暦　　57年　〇月　×日生	収入印紙
印鑑カード番号	0101-0000001	
請求通数	1　通	

収入印紙は割印をしないでここに貼ってください。
（登記印紙も使用可能）

窓口に来られた人（申請人）※いずれかの□にレ印をつけ、代理人の場合は住所・氏名を記載してください。

☑　印鑑提出者本人
□　代理人

　住　所
　　　フリガナ
　氏　名

※代理人の場合でも委任状は必要ありません。

※必ず印鑑カードを添えて申請してください。

交付通数	整理番号	手数料	受付・交付年月日

(乙号・11)

第6章 合同会社設立後に行う手続き

◆ 印鑑カード交付申請書

印鑑カード交付申請書

※ 太枠の中に書いてください。

（地方）法務局　　支局・出張所　　平成　年　月　日申請　　照合印

(注1) 登記所に提出した印鑑の押印欄	商号・名称	合同会社法令商店
	本店・主たる事務所	東京都千代田区岩本町〇丁目〇番〇号
印	印鑑提出者 資格	代表取締役・取締役・代表理事・理事・（代表社員）
（印鑑は鮮明に押印してください。）	氏名	法令　太郎
	生年月日	大・㊻・平・西暦　57年　〇月　✕日生
	会社法人等番号	

申請人（注2）　☑印鑑提出者本人　□代理人

住所	東京都千代田区丸の内〇丁目〇番〇号	連絡先	①勤務先　2自宅 電話番号 03-0000-0000
フリガナ	ホウレイ　タロウ		
氏名	法令　太郎		

委任状

私は,（住所）

（氏名）

を代理人と定め、印鑑カードの交付申請及び受領の権限を委任します。

平成　年　月　日

住所

氏名　　　　　　　　　　　　　印　　登記所に提出した印鑑

（注1）押印欄には、登記所に提出した印鑑を押印してください。
（注2）該当する□にレ印をつけてください。代理人の場合は、代理人の住所・氏名を記載してください。その場合は、委任状に所要事項を記載し、登記所に提出した印鑑を押印してください。

交付年月日	印鑑カード番号	担当者印	受領印又は署名

（乙号・9）

■2　銀行口座の開設

　会社を設立し、登記簿謄本等が取得できるようになれば、法人名義の銀行口座を開設することができるようになります。

　法人口座は、銀行によって作成可否の基準が異なります。最近では、法人の未公開株・社債購入等における詐欺被害や不法な商行為において銀行口座が悪用されるケースもあることから、新設法人に対して口座開設の審査が慎重に行われる傾向にあるようです。

　ただ、あらかじめ個人口座を持っていて、取引のある銀行であれば、すんなり審査がおりることもあります。手続きの面などを考えると、一般的には会社の本店所在地に近い銀行で口座を開設したほうが何かと便利でしょう。

　銀行口座を開設するにあたり、基本的には個人の口座開設の際と変わりありませんが、銀行側が会社の情報を把握するために、定款の写しや登記簿謄本の提出を求められます。

法人の銀行口座開設のために一般的に必要なもの

- ・銀行所定の口座開設申込書
- ・登記簿謄本（履歴事項全部証明書）
- ・定款の写し
- ・法務局へ登録した会社実印の印鑑証明書
- ・会社実印
- ・銀行印として使用する印鑑
- ・代表者の本人確認資料（免許証等）

この他、金融機関によっては、税務署へ提出済の開業届の控え、営業許可証、会社案内やパンフレットなど、事業内容のわかるものなどを求められることがありますので、開設を予定している金融機関にあらかじめ問い合わせたうえでおもむくとよいでしょう。インターネット専業の金融機関の場合、必要なものがあらかじめホームページに記載されていますので、これを確認しながら手続きをすすめましょう。

■3　各書類の提出

　会社を設立後は、税務署や都道府県税事務所、市町村役場や年金事務所等の行政機関に対して、各種の書類を提出しなければなりません。

> **一般的に提出が必要な行政機関**
> ・税務署
> ・都道府県税事務所
> ・市町村役場
> ・年金事務所

> **従業員を雇用したときは提出が必須となる行政機関**
> ・労働基準監督署
> ・公共職業安定所

　これらに対する届出は、書類も複数あり、さまざまな場所に足を運ぶ必要があるため、煩雑に思うかもしれません。しかし、届出様式などは、管轄する行政機関のホームページからダウンロードできる場合も多く、また、書類を郵送することも可能な場合が多いです。さらに、不明点などは担当者が教えてくれますので、ご自身でも手続きは可能です。

第6章 合同会社設立後に行う手続き

※さらに、事業を行うにあたって許認可などが必要な事業の場合は、それぞれを管轄する行政機関への手続きも必要になります。
※本書執筆の現在、政府において「行政手続の簡素化」が検討されています。各書類および提出先行政機関についても変更・一元化等の可能性があります。

(1) 税務署への届出

提出期限については、設立初年度を想定して記載しています。2期目以降に提出する場合は、提出期限等の要件が異なるものがありますので、税務署等にご確認ください。

※税務署の管轄は下記にて確認できます。
https://www.nta.go.jp/about/organization/access/map.htm

◆税務署への届出

書類名	添付書類	提出	提出期限
①法人設立届出書	定款の写しなど	必須	設立後2ヶ月以内[※1]
②青色申告の承認申請書	なし	任意	設立後3ヶ月以内[※2]
③給与支払事務所等の開設届出書	なし	必須	設立後1ヶ月以内[※1]
④源泉所得税の納期の特例の承認に関する申請書	なし	任意	
⑤棚卸資産の評価方法の届出書	なし	任意	設立第1期の確定申告書の提出期限[※3]
⑥減価償却資産の償却方法の届出書	なし	任意	設立第1期の確定申告書の提出期限[※3]
⑦事前確定届出給与に関する届出書	付表1	任意	設立後2ヶ月以内[※4]
⑧消費税課税事業者選択届出書	なし	任意	設立第1期の事業年度最終日まで[※4]

※1　ただし遅れても不都合になることはない

※2　初年度適用される提出期限に間に合わなかった場合は、次の事業年度開始前まで（②参照）
※3　事業年度終了から２ヶ月以内
※4　設立初年度

① 　法人設立届出書

法人税の納税対象となったことを届け出る手続きです。

② 　青色申告の承認申請書

「法人税は青色申告によって申告したい」ということを届け出る手続きです。

　提出期限は設立後３ヶ月以内ですが、初年度適用される提出期限に間に合わなかった場合は「次の事業年度開始前まで」となります。

〔例〕2019年２月１日設立、１月決算の場合
　　　⇒初年度から適用する場合2019年４月30日までに提出
　　　⇒上記に間に合わなかった場合、2020年１月31日までに提出すれば、2020年２月１日開始の２年目から適用される

☞ **青色申告をすることの主なメリット**

▶**欠損金の繰越控除**
　赤字が出た場合、10年間繰り越せます。
　たとえば、初年度赤字となってしまった場合、翌年以後10年間のうち利益が出た年の利益と初年度の赤字を相殺することができます。

▶**欠損金の繰戻し還付**
　黒字で法人税を支払った翌年が赤字の場合、赤字の金額と直前の事業年度の利益を相殺して支払済みの法人税の還付を受けることができます。
※国税である法人税と地方法人税がこの制度で還付を受けることができますが、地方税にはこの制度がないため、法人事業税、法人住民税は還付を請求することはできず、繰越控除が適用されます。

▶**少額減価償却資産の取得価額の損金算入の特例**
　通常10万円以上のパソコンや家具等の消耗品を購入した場合、減価償却が必要となり、数年に分けて費用計上されることとなりますが、青色申告の場合、30万未満のものであれば減価償却せずに一括で支出時に費用として計上できます。
※上記メリットはいずれも、資本金1億円以下の中小企業などが対象で、資本金が5億円以上の親会社の100％子会社でない等の制限があります。

③　給与支払事務所等の開設届出書

　役員報酬を支給する場合、従業員に給料を支給する場合、ともに必須となります。

④　源泉所得税の納期の特例の承認に関する申請書

　源泉所得税は原則として、支払日の属する月の翌月10日までに納付義務があります。たとえば９月25日支払の給料に対する源泉所得税は、10月10日までに納付しなければなりません。

　ただし、給料の支払いを受ける人が10人未満の場合、この特例の申請書を出すことにより、毎月納付する必要がなくなります。

　提出月の翌月に支払う給料から適用開始となります。

◆特例を受ける場合の納付期限
　　１月～６月支給分……納付期限７月10日
　　７月～12月支給分……納付期限１月20日

〔例〕給与支給日が毎月25日で、１月５日に提出した場合
　　　⇒２月25日支給の給料から適用開始
　　　・２月に支給した給料で発生した源泉所得税は、本来３月10日が納付期限ですが、本申請書の提出により、２月～６月支給分の給料の源泉所得税を一括して７月10日までに納付すればよいこととなります。

⑤　棚卸資産の評価方法の届出書

　「棚卸資産の評価方法」は最終仕入原価法が原則ですが、先入先出法等、原則と異なる評価方法にしたい場合、提出が必要となります。

⑥　減価償却資産の償却方法の届出書

「減価償却資産の償却方法」は原則として、建物・建物付属設備・構築物は定額法、それ以外は定率法となっています。

機械や車などを定率法でなく定額法で償却したい場合、提出が必要となります。

⑦　事前確定届出給与に関する届出書

添付書類「付表1（事前確定届出給与等の状況（金銭交付用））」とともに提出します。

中小企業の場合、役員報酬を増減させることで利益操作することが容易であるため、定期同額給与（毎月同額を支給）など一定の支給方法をとる必要があります。そのため通常は、役員に賞与を支給しても損金（経費）と認められません。

ただし、この届出をあらかじめ提出することにより、役員賞与が損金算入できます。

なお、付表に記載した支払日、支給額どおりに支払う必要があり、支払日が1日、支給額が1円ずれただけで、全額が損金不算入となってしまいます。実際にこの制度を活用する際は、専門家に相談のうえ、実行したほうがよいでしょう。

⑧　消費税課税事業者選択届出書

第3章でも解説したとおり、初年度多額の設備投資をする場合などは、あえて消費税の課税事業者となり、還付を受ける方がおトクになる場合があります。

◆ ①法人設立届出書

法　人　設　立　届　出　書	※整理番号	

	本店又は主たる事務所の所在地	〒101-0032　東京都千代田区岩本町〇-〇-〇　電話（03）〇〇〇〇-〇〇〇〇
税務署受付印	納　税　地	〒　同上
平成　年　月　日	（フリガナ）	
	法　人　名	合同会社法令商店
神田税務署長殿	法　人　番　号	0 1 2 3 4 5 6 7 8 9 0 1 2
新たに内国法人を設立したので届け出ます。	（フリガナ）	ホウレイ　タロウ
	代表者氏名	法令　太郎　㊞
	代表者住所	〒100-0005　東京都千代田区丸の内〇-〇-〇　電話（03）〇〇〇〇-〇〇〇〇

設立年月日	平成31年1月4日	事業年度	（自）4月1日（至）3月末日
設立時の資本金又は出資金の額	2,000,000円	消費税の新設法人に該当することとなった事業年度開始の日	平成　年　月　日

事業の目的	（定款等に記載しているもの）ウェブサイト等の企画、デザイン、制作、運営	支店・出張所・工場等	名称	所在地
	（現に営んでいる又は営む予定のもの）同上			

設立の形態	1　個人企業を法人組織とした法人である場合 2　合併により設立した法人である場合 3　新設分割により設立した法人である場合（□分割型・□分社型・□その他） 4　現物出資により設立した法人である場合 ⑤　その他（新規設立　）

設立の形態が1〜4である場合の設立前の個人企業、合併により消滅した法人、分割法人又は出資者の状況	事業主の氏名、合併により消滅した法人の名称、分割法人の名称又は出資者の氏名、名称	納税地	事業内容等

設立の形態が2〜4である場合の適格区分	適格・その他	添付書類等	①定款等の写し 2　株主等の名簿 3　設立趣意書 4　設立時の貸借対照表 5　合併契約書の写し 6　分割計画書の写し 7　その他（　　　　）
事業開始（見込み）年月日	平成31年1月4日		
「給与支払事務所等の開設届出書」提出の有無	有・無		

関与税理士	氏名	
	事務所所在地	
	電話（　　）	―

設立した法人が連結子法人である場合	連結親法人名		所轄税務署	
	連結親法人の納税地	〒　　　電話（　）―		
	「完全支配関係を有することとなった旨等を記載した書類」の提出年月日		連結親法人　年　月　日	連結子法人　年　月　日

税理士署名押印	㊞

※税務署処理欄	部門	決算期	業種番号	番号	入力	名簿	通信日付印	年月日	確認印

29.06 改正

（規格A4）

第6章 合同会社設立後に行う手続き

◆ ②青色申告の承認申請書

	青色申告の承認申請書	※整理番号	
税務署受付印	納 税 地	〒101-0032 東京都千代田区岩本町〇-〇-〇 電話(03)〇〇〇〇-〇〇〇〇	
平成 年 月 日	（フリガナ）		
	法 人 名 等	合同会社法令商店	
	法 人 番 号	0 1 2 3 4 5 6 7 8 9 0 1 2	
	（フリガナ） ホウレイ タロウ		
	代 表 者 氏 名	法令 太郎 ㊞	
	代 表 者 住 所	〒100-0005 東京都千代田区丸の内〇-〇-〇	
神田 税務署長殿	事 業 種 目	ウェブサイト等の企画、デザイン、制作、運営 業	
	資本金又は 出 資 金 額	2,000,000　　円	

自平成 31 年 1 月 4 日
至平成 31 年 3 月 31 日　　　事業年度から法人税の申告書を青色申告によって提出したいので申請します。

記

1 次に該当するときには、それぞれ□にレ印を付すとともに該当の年月日等を記載してください。
　□ 青色申告書の提出の承認を取り消され、又は青色申告書による申告書の提出をやめる旨の届出書を提出した後に再び青色申告書の提出の承認を申請する場合には、その取消しの通知を受けた日又は取りやめの届出書を提出した日　　　　　　　　　　　　　　　　　　　　　　　　　　　　　平成　年　月　日
　☑ この申請後、青色申告書を最初に提出しようとする事業年度が設立第一期等に該当する場合には、内国法人である普通法人若しくは協同組合等にあってはその設立の日、内国法人である公益法人等若しくは人格のない社団等にあっては新たに収益事業を開始した日又は公益法人等（収益事業を行っていないものに限ります。）に該当していた普通法人若しくは協同組合等にあっては当該普通法人若しくは協同組合等に該当することとなった日　　　　　　　　　　　　　　　　　　　　　　　　　　　　　平成 31 年 1 月 4 日
　□ 法人税法第4条の5第1項（連結納税の承認の取消し）の規定により連結納税の承認を取り消された後に青色申告書の提出の承認を申請する場合には、その取り消された日　　　　　　平成　年　月　日
　□ 法人税法第4条の5第2項各号の規定により連結納税の承認を取り消された場合には、第4条の5第2項各号のうち、取消しの起因となった事実に該当する号及びその事実が生じた日　　第4条の5第2項　号　　　　　　　　　　　　　　　　　　　　　　　　　　　　　平成　年　月　日
　□ 連結納税の取りやめの承認を受けた日を含む連結親法人事業年度の翌事業年度に青色申告書の提出をしようとする場合には、その承認を受けた日　　　　　　　　　　　　　　　平成　年　月　日

2 参考事項
(1) 帳簿組織の状況

伝票又は帳簿名	左の帳簿 の 形 態	記帳の 時　期	伝票又は帳簿名	左の帳簿 の 形 態	記帳の 時　期
総勘定元帳	会計ソフト	月末			

(2) 特別な記帳方法の採用の有無
　　イ　伝票会計採用
　　ロ　電子計算機利用
(3) 税理士が関与している場合におけるその関与度合

税 理 士 署 名 押 印　　　　　　　　　　　　　　　　　　　　　　　　　　　　㊞

※税務署 処理欄	部 門	決算 期	業種 番号	番 号	入 力	備 考	通信 日付印	年 月 日	確認 印

（規格A4）

27.06 改正

◆ ③給与支払事務所等の開設届出書

		※整理番号

給与支払事務所等の開設・移転・廃止届出書

事務所開設者	住所又は本店所在地	〒101-0032 東京都千代田区岩本町〇-〇-〇 電話（ 03 ） 〇〇〇〇 - 〇〇〇〇
	（フリガナ）	
	氏名又は名称	合同会社法令商店
	個人番号又は法人番号	0 1 2 3 4 5 6 7 8 9 0 1 2
	（フリガナ）	ホウレイ タロウ
	代表者氏名	法令 太郎 ㊞

平成　年　月　日

神田税務署長殿

所得税法第230条の規定により次のとおり届け出ます。

(注)「住所又は本店所在地」欄については、個人の方については申告所得税の納税地、法人については本店所在地（外国法人の場合には国内の本店所在地）を記載してください。

| 開設・移転・廃止年月日 | 平成 31 年 1 月 4 日 | 給与支払を開始する年月日 | 平成 31 年 2 月 25 日 |

○届出の内容及び理由
（該当する事項のチェック欄□に✓印を付してください。）

			「給与支払事務所等について」欄の記載事項
			開設・異動前	異動後
開設	☑ 開業又は法人の設立 □ 上記以外 ※本店所在地とは別の所在地に支店等を開設した場合	→	開設した支店等の所在地
	□ 所在地の移転	→	移転前の所在地	移転後の所在地
移転	□ 既存の給与支払事務所等への引継ぎ （理由）□ 法人の合併　□ 法人の分割　□ 支店等の閉鎖 　　　　□ その他 （　　　　　　　　　　　）	→	引継ぎをする前の給与支払事務所等	引継先の給与支払事務所等
廃業	□ 廃業又は清算結了　□ 休業			
その他（　　　　　　　　　　　　）		→	異動前の事項	異動後の事項

○給与支払事務所等について

	開設・異動前	異動後
（フリガナ）		
氏名又は名称		
住所又は所在地	〒 電話（　）　－	〒 電話（　）　－
（フリガナ）		
責任者氏名		

| 従事員数 | 役員 2 人 | 従業員 0 人 | （パート）1 人 | （　）　人 | （　）　人 | 計 3 人 |

（その他参考事項）

| 税理士署名押印 | ㊞ |

※税務署処理欄	部門	決算期	業種番号	入力	名簿等	用紙交付	通信日付印	年月日	確認印
	番号確認	身元確認 □ 済 □ 未済	確認書類 個人番号カード／通知カード・運転免許証 その他（　　　　　）						

（規格A4）

29.04 改正

第6章 合同会社設立後に行う手続き

◆ ④源泉所得税の納期の特例の承認に関する申請書

源泉所得税の納期の特例の承認に関する申請書

※整理番号

税務署受付印

平成　年　月　日

神田税務署長殿

住所又は本店の所在地	〒101-0032 東京都千代田区岩本町○-○-○ 電話　03 － ○○○○ － ○○○○	
（フリガナ）		
氏名又は名称	合同会社法令商店	
法人番号	※個人の方は個人番号の記載は不要です。 0 1 2 3 4 5 6 7 8 9 0 1 2	
（フリガナ）	ホウレイ　タロウ	
代表者氏名	法令　太郎　㊞	

次の給与支払事務所等につき、所得税法第216条の規定による源泉所得税の納期の特例についての承認を申請します。

給与支払事務所等に関する事項	給与支払事務所等の所在地 ※　申請者の住所（居所）又は本店（主たる事務所）の所在地と給与支払事務所等の所在地とが異なる場合に記載してください。	〒 電話　　－　　－		
	申請の日前6か月間の各月末の給与の支払を受ける者の人員及び各月の支給金額〔外書は、臨時雇用者に係るもの〕	月区分	支給人員	支給額
		年　月	外　　　人	外　　　円
		年　月	外　　　人	外　　　円
		年　月	外　　　人	外　　　円
		年　月	外　　　人	外　　　円
		年　月	外　　　人	外　　　円
	1　現に国税の滞納があり又は最近において著しい納付遅延の事実がある場合で、それがやむを得ない理由によるものであるときは、その理由の詳細 2　申請の日前1年以内に納期の特例の承認を取り消されたことがある場合には、その年月日			

税理士署名押印　　　　　　　　　　　　　　　　㊞

※税務署処理欄	部門	決算期	業種番号	番号	入力	名簿	通信日付印	年月日	確認印

29.06 改正

◆ ⑤棚卸資産の評価方法の届出書

第6章　合同会社設立後に行う手続き

◆ ⑥減価償却資産の償却方法の届出書

資産、設備の種類	償却方法
建物附属設備	
構築物	
船舶	
航空機	
車両及び運搬具	
工具	
器具及び備品	定額法
機械及び装置	
（　　）設備	
（　　）設備	

届出者：
〒101-0032　東京都千代田区岩本町〇-〇-〇
電話（03）〇〇〇〇-〇〇〇〇
法人名等：合同会社法令商店
法人番号：0 1 2 3 4 5 6 7 8 9 0 1 2
代表者氏名：法令　太郎　㊞
代表者住所：〒100-0005　東京都千代田区丸の内〇-〇-〇
事業種目：ウェブサイト等の企画、デザイン、制作、運営　業

神田税務署長殿

減価償却資産の償却方法を下記のとおり届け出ます。

参考事項：①新設法人等の場合には、設立等年月日　②その他

平成31年1月4日

137

◆ ⑦事前確定届出給与に関する届出書

	事前確定届出給与に関する届出書	※整理番号	
		※通算グループ整理番号	

税務署受付印	提出法人 □□ 単体 連結 親法人 法人	納 税 地	〒101-0032 東京都千代田区岩本町〇-〇-〇 電話(03)〇〇〇〇-〇〇〇〇
		（フリガナ）	
平成　年　月　日		法 人 名 等	合同会社法令商店
		法 人 番 号	0 1 2 3 4 5 6 7 8 9 0 1 2
		（フリガナ）	ホウレイ タロウ
		代表者氏名	法 令 太 郎　㊞
神田税務署長殿		代表者住所	〒100-0005 東京都千代田区丸の内〇-〇-〇

連結子法人（届出の対象が連結子法人である場合に限り記載）	（フリガナ）			※税務署処理欄	整理番号	
	法 人 名 等				部　門	
	本店又は主たる事務所の所在地	〒　　　（　　　局　　　署） 電話（　　　）　－			決算期	
	（フリガナ）				業種番号	
	代表者氏名				整理簿	
	代表者住所	〒			回付先	□親署⇒子署 □子署⇒調査課

事前確定届出給与について下記のとおり届け出ます。

記

①	事前確定届出給与に係る株主総会等の決議をした日及びその決議をした機関等	（決議をした日）平成 31 年 1 月 4 日 （決議をした機関等）社員総会
②	事前確定届出給与に係る職務の執行を開始する日	平成 31 年 1 月 4 日
③	臨時改定事由の概要及びその臨時改定事由が生じた日	（臨時改定事由の概要） （臨時改定事由が生じた日）平成　年　月　日
④	事前確定届出給与等の状況	付表（No. 1 ～No. 1 ）のとおり。
⑤	事前確定届出給与につき定期同額給与による支給としない理由及び事前確定届出給与の支給時期を付表の支給時期とした理由	従業員に対する賞与と時期を同じにするため
⑥	その他参考となるべき事項	社員総会議事録を添付します

届出期限	イ　次のうちいずれか早い日　平成 31 年 2 月 4 日 　　（イ）①又は②に記載した日のうちいずれか早い日から1月を経過する日（平成 31 年 2 月 4 日） 　　（ロ）会計期間4月経過日等（平成　年　月　日） ロ　設立の日以後2月を経過する日　平成 31 年 3 月 4 日 ハ　臨時改定事由が生じた日から1月を経過する日　平成　年　月　日	届出期限となる日 ☑イ　□ロ　□ハ

税理士署名押印		㊞

※税務署処理欄	部門	決算期	業種番号	番号	整理簿	備考	通信日付印	年 月 日	確認印

29.06 改正

（規格A4）

◆ ⑦付表1（事前確定届出給与等の状況（金銭交付用））

付表 1 （事前確定届出給与等の状況（金銭交付用）） No.

事前確定届出給与対象者の氏名（役職名）	法令 太郎 （ 代表社員 ）
事前確定届出給与に係る職務の執行の開始の日 （職務執行期間）	平成 31 年 1 月 4 日 （平成 31 年 1 月 4 日 ～ 平成 31 年 5 月 31 日）
当該（連結）事業年度	平成 31 年 1 月 4 日 ～ 平成 31 年 3 月 31 日
職務執行期間開始の日の属する会計期間	平成 31 年 1 月 4 日 ～ 平成 31 年 3 月 31 日

事前確定届出給与に関する事項

職務執行期間開始の日の属する会計期間

区分	支給時期（年月日）	支給額（円）
届出額	・・	
支給額	・・	
今回の届出額	31・3・31	1,000,000
今回の届出額	・・	
今回の届出額	・・	

翌会計期間以後

区分	支給時期（年月日）	支給額（円）
今回の届出額	・・	
今回の届出額	・・	
今回の届出額	・・	

金銭による給与（業績連動給与を除く）

職務執行期間開始の日の属する会計期間

支給時期（年月日）	支給額（円）
31・2・25	500,000
31・3・25	500,000
・・	

翌会計期間以後

支給時期（年月日）	支給額（円）
31・4・25	500,000
31・5・25	500,000
・・	

業績連動給与又は金銭以外の資産による給与の支給時期及び概要

29.06改正

(2) 都道府県税事務所・市町村役場への届出

　自治体によって提出期限が異なります。設立後、早めに手続きをすませましょう。

◆ 都道府県税事務所・市町村役場への届出

書類名	添付書類	提出	提出期限
法人設立届出書	・定款の写し ・謄本（履歴事項全部証明書）	必須	自治体によって異なる

〇法人設立届出書

　法人税の納税対象となったことを届け出る手続きです。

※東京23区の場合、東京都税事務所に届出を行えば、区役所への届出は不要です。

◆ 法人設立届出書（都税事務所・支所提出用）

(3) 年金事務所への届出

　会社を設立すると、社会保険への加入義務が発生します。
　会社所在地を所轄する年金事務所にて手続きをします。
　年金事務所に提出する書類は添付書類が多く、期限も短いので、注意しましょう。

◆ 年金事務所への届出

書類名	添付書類	提出	提出期限
①健康保険・厚生年金保険新規適用届	・登記簿謄本（履歴事項全部証明書）・事業所の賃貸契約書のコピー（登記上の所在地と異なる場合）・法人番号指定通知書のコピー	必須	適用事業所となってから5日以内
②健康保険・厚生年金保険被保険者資格取得届		必須	資格取得日から5日以内
③健康保険被扶養者（異動）届	・被扶養者となる者の収入状況がわかる書類	必要な場合	適用事業所となってから速やかに（原則5日以内）
④国民年金第3号被保険者関係届	・被扶養者となる者の収入状況がわかる書類	必要な場合	事由が発生してから14日以内
⑤健康保険・厚生年金保険保険料口座振替納付申請書		任意	適用事業所となってから5日以内

※事業主・従業員への支払給与等が発生しない場合は加入できないため、上記の手続きは一切不要です。

①健康保険・厚生年金保険新規適用届
社会保険の適用事務所になったことを届け出る手続きです。

②健康保険・厚生年金保険被保険者資格取得届
健康保険証を取得する人を届け出る手続きです。

③健康保険被扶養者（異動）届
被扶養者がいる場合に必要です。

④国民年金第３号被保険者関係届
被扶養者が第３号被保険者になる場合に必要です。

⑤健康保険・厚生年金保険保険料口座振替納付申請書
保険料の口座振替を希望する場合に提出します。

◆ ①健康保険・厚生年金保険新規適用届

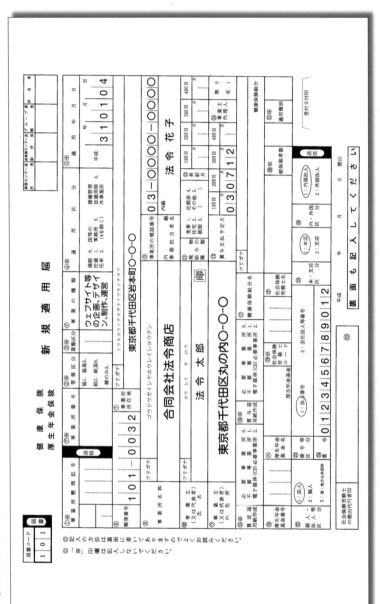

144

◆ ②健康保険・厚生年金保険被保険者資格取得届

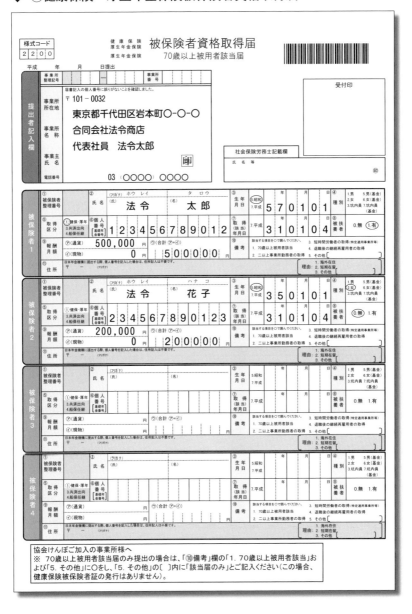

◆ ③健康保険被扶養者（異動）届
　④国民年金第３号被保険者関係届

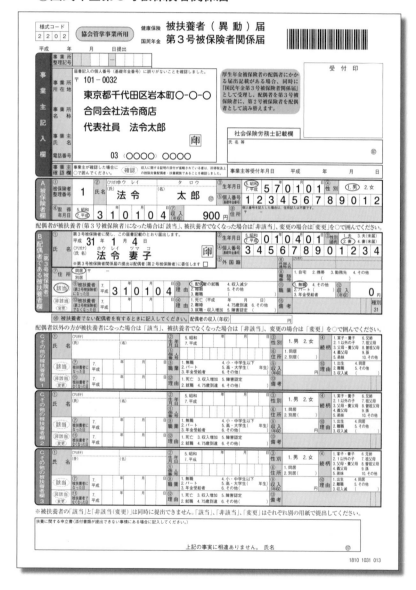

(4) 労働基準監督署、公共職業安定所への届出（従業員を雇用する場合）

1人でも従業員（パート、アルバイト含む）を雇い入れる場合には、前述の(1)〜(3)に加え、さらに労災保険・雇用保険への加入手続が必要となります。

◆ 労働基準監督署への届出

書類名	添付書類	提出	提出期限
①労働保険保険関係成立届	登記簿謄本（履歴事項全部証明書）	雇用した場合	保険関係が成立した日の翌日から起算して10日以内
②労働保険概算保険料申告書	なし	雇用した場合	保険関係が成立した日の翌日から起算して50日以内
③適用事業報告書	なし	労働基準法の適用事業になった場合	遅滞なく

◆ 公共職業安定所（ハローワーク）への届出

書類名	添付書類	提出期限
④雇用保険適用事業所設置届	・登記簿謄本登記簿謄本（履歴事項全部証明書）	設置の日の翌日から起算して10日以内
⑤雇用保険被保険者資格取得届	・労働保険保険関係成立届（控え） ・法人設立届出書（控え） ・労働者名簿 ・出勤簿またはタイムカード ・賃金がわかるもの（賃金台帳など） ・（前職で加入していた）雇用保険被保険者証	雇用した日の属する月の翌月10日まで

① 労働保険保険関係成立届
　１人以上の労働者を雇用した場合に必要な手続きです。

② 労働保険概算保険料申告書
　雇用関係が発生した場合に必要な手続きです。労働保険保険関係成立届と同時に提出します。
　「概算保険料」は、保険関係が成立した日の翌日から50日以内に納付します。

③ 適用事業報告書
　従業員を使用するようになったら届け出る手続きです。

④ 雇用保険適用事業所設置届
　公共職業安定所への届出（雇用保険の手続き）については、労働基準監督署へ「労働保険保険関係成立届」が提出されていることが前提となります。
　まず労働基準監督署での手続き（①②③）を済ませてから、④⑤を届け出ます。

⑤ 雇用保険被保険者資格取得届
　④雇用保険適用事業所設置届と同時に提出します。
　出勤簿、タイムカード、賃金台帳の提出を求められる場合があります。

(5) その他、労働基準監督署への届出

① 就業規則

　常時10人以上の従業員（パート、アルバイト含む）を雇い入れる場合には、「就業規則」を作成のうえ、「就業規則届」「就業規則意見書」とともに、労働基準監督署へ遅滞なく届け出る必要があります。

② 時間外労働・休日労働に関する協定届

　法定労働時間の範囲を超えて、時間外労働・休日労働を要請する場合に必要です。提出期限は「時間外労働・休日労働を行う日の前日まで」となります。

第7章

合同会社の変更登記・組織変更の方法

> 第7章では、合同会社を経営している中で、たとえば「会社の住所を変更したい」「新しく社員を追加したい」など、会社の組織を変更しなければならなくなったときの手続きなどについて説明します。

■ 1　合同会社の変更登記 ■■

　合同会社を設立して、しばらく事業を行っていると、新しく役員（社員）を迎え入れたり、事務所を移動したり、事業目的を追加したりと、会社を設立したときの状況から変化が出てきます。

　会社を設立する際には法務局へ書類を提出しますが、その提出した書類の内容に変更が発生した場合は、速やかに、その変更内容について法務局へ申請を行わなければなりません。これを「変更登記」といいます。

　変更登記は、次の項目(1)～(6)において変更が発生した場合に行わなければなりません。また、これらの変更登記を行う際には、項目に応じて「登録免許税」という税金が発生します。

◆ 変更登記が必要な項目と登録免許税

項　　目	登録免許税
(1) 役員変更（社員変更）	10,000円
(2) 商号変更	30,000円
(3) 本店変更（管轄内）	30,000円
本店変更（管轄外）	60,000円
(4) 事業目的変更	30,000円
(5) 支店登記	60,000円〜69,000円
(6) 増　　資	30,000円〜

(1) 役員変更（社員変更）の手続き

　役員変更の手続きが必要となるのは、新たな業務執行社員の入社、退社、代表社員の変更、代表社員の住所を変更する場合です。

　合同会社において、役員（社員）に関する主な登記事項は次のとおりです。

- 業務執行社員の氏名
- 代表社員の氏名、住所

　これらの事項に変更があった場合には、2週間以内に本店所在地を管轄する法務局へ変更登記の申請を行う必要があります。

> **準備するもの**

　役員変更のケースによって異なりますが、一般的には以下のものとなります。
・会社の代表印
・役員全員の認印（辞任する者も含む）
・新役員の個人の実印
・新役員の個人の印鑑証明書（1通）
・役員の変更内容詳細
・最新の履歴事項全部証明書（登記簿謄本）

> **一般的に作成が必要な書類**

・変更登記申請書
・総社員の同意書
・就任承諾書
・辞任届
・登記すべき事項を記録したCD-R等
・印鑑届書（代表が変わるとき）
・委任状（代理人が申請する場合）

(2) 商号変更の手続き

　会社の名称を変更する場合には、商号変更の手続きを行う必要があります。

第7章　合同会社の変更登記・組織変更の方法

※通常、商号変更、目的変更その都度変更する場合は、それぞれ3万円の登録免許税がかかる。しかし、商号と目的を同時に変更する場合には、3万円の登録免許税のみで両方変更することができる。

準備するもの

- 会社の代表印
- 役員全員の認印（代表社員を除く）
- 最新の履歴事項全部証明書（登記簿謄本）

※会社代表印を変更する場合は、下記もあわせて準備します。

- 新しく作成した会社の代表印
- 代表社員の個人の実印
- 代表社員の印鑑証明書（1通）

一般的に作成が必要な書類

- 変更登記申請書
- 総社員の同意書
- 業務執行社員の過半数の一致があったことを証する書面
- 登記すべき事項を記録したCD-R等
- 印鑑届書（代表印が変わるとき）
- 委任状（代理人が申請する場合）

(3) 本店変更の手続き

　本店所在地として法務局に登記している住所を変更する場合に必要な手続きとなります。本店住所を移転する場合は、「管轄の法務局内での本店移転の場合」と「管轄の法務局外への本店移転の場合」の2つのケースがありますのでご注意ください。

※管轄の法務局外への本店移転の場合、登録免許税が新旧の法務局に3万円ずつ、合計6万円必要となります。
※書類は新旧法務局分を作成しますが、提出は旧本店所在地の法務局の一度で済みます。

準備するもの
- 会社の代表印
- 役員全員の認め印（代表社員を除く）
- 本店移転先の正確な住所
- 最新の履歴事項全部証明書（登記簿謄本）

一般的に作成が必要な書類
- 変更登記申請書
- 総社員の同意書
- 業務執行社員の過半数の一致があったことを証する書面
- 登記すべき事項を記録したCD-R等
- 印鑑届書
- 委任状（代理人が申請する場合）

(4) 事業目的変更の手続き

　会社は定款に記載されている事業目的に沿った事業を行うことが求められます。もし、記載されていない事業を行う場合は、事業目的の変更や追加の変更登記の申請が必要となります。

準備するもの

・会社の代表印
・役員全員の認印（代表社員を除く）
・変更する目的の内容
・最新の履歴事項全部証明書（登記簿謄本）

一般的に作成が必要な書類

・変更登記申請書
・総社員の同意書
・業務執行社員の過半数の一致があったことを証する書面
・登記すべき事項を記録した CD-R 等
・委任状（代理人が申請する場合）

---

(5) 支店登記の手続き

　支店を法務局へ届け出る場合には、支店登記という手続きが必要です。支店1つにつき、法務局に支払う登録免許税が60,000円かかります。また、支店設置場所が本店所在地と別の市区町村にある場

合、支店設置場所を管轄する法務局へ別途9,000円の登録免許税を支払うことになります。

> **準備するもの**
> ・会社の代表印
> ・役員全員の認印（代表社員を除く）
> ・支店設置場所の正確な住所
> ・最新の履歴事項全部証明書（登記簿謄本）

> **一般的に作成が必要な書類**
> ・変更登記申請書
> ・総社員の同意書
> ・業務執行社員の過半数の一致があったことを証する書面
> ・登記すべき事項を記録したCD-R等
> ・委任状（代理人が申請する場合）

(6) 増資の手続き

　会社設立時に、各社員が出資した金額の合計が現在の資本金です。基本的に資本金や会社の売上、金融機関からの借入等により事業を運営していくことになります。しかし、事業を運営していく中で、当初の資本金では足りなくなった場合などには資本金を増やす場合があります。

　合同会社において資本金を増やす方法は、大きく分けて2つあります。

> ① 既存の社員(出資者)が追加で出資することで資本金を増やす方法
> ② 新規で社員(出資者)を追加することで資本金を増やす方法

　①の方法では、増資分の登録免許税が3万円（もしくは増資金額の1000分の7）となりますが、②の方法においては、増資分の登録免許税の3万円（もしくは増資金額の1000分の7）の他に、社員追加のための登録免許税1万円が必要となります。

準備するもの

・会社の代表印
・役員全員の認印（代表社員は除くが、新たな社員は含む）
・法人名義の銀行通帳の写し（表紙、表紙裏、記帳部分）
・最新の履歴事項全部証明書（登記簿謄本）

一般的に作成が必要な書類

・変更登記申請書
・総社員の同意書
・業務執行社員の過半数の一致があったことを証する書面
・就任承諾書（新たに社員が追加となる場合）
・払込証明書
・資本金の額の計上に関する証明書
・登記すべき事項を記録したCD-R等
・委任状（代理人が申請する場合）

■2　合同会社から株式会社への組織変更 ■■

　合同会社の設立後、事業を展開していく中で、多くの人から資金を集め、広く事業展開を行っていく場合など、株式会社のほうが適した組織形態となる場合もあるでしょう。

　合同会社から株式会社へ組織形態を変更する場合の手続きとして、既存の合同会社を解散させ、新たに株式会社を設立する必要があります。

(1) 組織変更計画

　どのような株式会社にするのかを、合同会社の総社員で決定（組織変更計画）します。商号、事業目的、本店所在地、発行可能株式総数、役員の氏名、効力発生日などをまとめた組織変更計画書を作成します。

(2) 組織変更することを知らせる

　合同会社の債権者に対して、株式会社へ組織変更することを知らせる必要があります。具体的には、官報（国の発行する公刊物）に最低1ヶ月、会社変更の公告を掲載します。掲載費用は約26,000円です。

　さらに、会社が把握をしている債権者には、それぞれ各別に組織変更のことを伝える必要があります。そして、一定期間内に債権者

から異議の申出がなかった場合には、その債権者は組織変更について承認したものとみなされます（もし、異議を述べた債権者が現れた場合には、その債権者に対して所定の手続きが必要になります）。

(3) 組織変更の効力発生、組織変更登記の申請

組織変更をする合同会社は、「組織変更計画」で定めた「効力発生日」に株式会社となります。合同会社の解散の手続き、および株式会社の設立の手続きが同時に行われることになります。

(4) 関係官庁へ書類提出

株式会社の登記完了後は、税務署、都道府県税事務所、市町村役場、公共職業安定所（ハローワーク）、労働基準監督署、年金事務所等に組織変更の届出をします。

準備するもの

・会社代表者の印鑑証明書
・合同会社の定款
・最新の履歴事項全部証明書（登記簿謄本）

一般的に作成が必要な書類

・組織変更による設立登記申請書
・総社員の同意書
・組織変更計画書
・定款（組織変更後の株式会社のもの）
・就任承諾書
・公告及び催告をした事を証する書面
・登録免許税法の規定に関する証明書
・組織変更による解散登記申請書
・印鑑届出書
・登記すべき事項を記録したCD-R等
・委任状（代理人が申請する場合）

※手続きの内容により必要書類が異なります。

◇ 著者略歴 ◇

伊藤健太（いとう けんた）

1986年11月21日生。神奈川県横浜市出身。
株式会社ウェイビー代表取締役 CEO／ウェイビー行政書士事務所代表。
士業・ベンチャー企業の経営・集客・マーケティングコンサルタント。

慶應義塾大学3年次、リクルート主催のビジネスコンテストで優勝。23歳のとき、病気をきっかけに小学校来の親友4名、資本金5万円で起業。起業当初お金がなさすぎて、カードで借金生活を送る。

お金がなかったため、知恵を絞った伊藤独自のマーケティング手法を多数考案。8年間で、累計1万件を超える起業、起業家のアクセラレーションに関わるようになり、日本屈指の起業支援の会社と言われるまでに成長。月間20万人以上の商売人をお助けしている「助っ人」や全国500人以上の商売人が参加している、世界で一番お客様を喜ばす商売人輩出のアクセラレーションコミュニティー「チャレンジャーズ」を主宰。

2016年末に、世界経済フォーラム（ダボス会議）の若手リーダーとして日本代表に選抜。2018年8月にスイスのダボスで開催された、世界の若手リーダー140カ国から400名超が集まる、グローバルシェイパーズサミットに、日本人3名のうち1名として参加。

2018年9月より、徳島大学客員教授にも就任。

元 LINE 社長・森川亮氏推薦の『起業家のためのマーケティングバイブル』（同友館）をはじめ、『成功する起業家はこう考える』（中央経済社）、『「創業融資」を成功に導く最強ノウハウ』（中央経済社）など著書5冊。NHK、日経新聞、エコノミスト、夕刊フジ、日刊工業新聞、CCTV などメディア出演多数。

飯塚正裕（いいづか まさひろ）

1974年9月15日生。東京都江戸川区出身。
飯塚税理士・行政書士事務所代表/MSアカウンティングサポート株式会社代表取締役。
立教大学大学院ビジネスデザイン研究科講師。
セミナーズ認定トレーナー。

中央大学経済学部卒。立教大学大学院ビジネスデザイン研究科修了。実家が自営でマッサージ業をしていたことで、幼少より自身もサラリーマンではなく自営で事業を営むことを志向。大学卒業後、経験を積むべく、バーレストラン、英会話学校、コールセンターなどを転々。
資格という参入障壁がある士業業界での起業を思い立ち、25歳から税理士試験の勉強開始。
会計事務所勤務を経て2013年9月飯塚税理士・行政書士事務所開業。

同世代の30代、40代の起業を支援しているうちに、元々独立願望があったわけではない人が環境を変える決意をして起業することのハードルの高さに直面。会社に縛られ活き活きとしていない人に対して起業して自由な働き方を提案しつつ、しっかり稼げるようになるまでサポートすることをミッションとして活動中。

◇協 力 者◇

仲村法律事務所 弁護士 仲村晋一

改訂版		2013年5月20日　初版発行
合同会社設立のすゝめ		2019年1月1日　改訂初版

　　　　　　　　　　　　　　　　　　　検印省略

共著者　伊　藤　健　太
　　　　飯　塚　正　裕
発行者　青　木　健　次
編集者　岩　倉　春　光
印刷所　星　野　精　版　印　刷
製本所　国　宝　社

〒101-0032
東京都千代田区岩本町1丁目2番19号
http://www.horei.co.jp/

（営　業）　TEL　03-6858-6967　　Ｅメール　syuppan@horei.co.jp
（通　販）　TEL　03-6858-6966　　Ｅメール　book.order@horei.co.jp
（編　集）　FAX　03-6858-6957　　Ｅメール　tankoubon@horei.co.jp

（バーチャルショップ）　http://www.horei.co.jp/shop
（お詫びと訂正）　http://www.horei.co.jp/book/owabi.shtml

※万一、本書の内容に誤記等が判明した場合には、上記「お詫びと訂正」に最新情報を掲載しております。ホームページに掲載されていない内容につきましては、FAXまたはＥメールで編集までお問合せください。

・乱丁、落丁本は直接本社出版部へお送りくださればお取替えいたします。
・[JCOPY]〈出版者著作権管理機構　委託出版物〉
　本書の無断複製は著作権法上での例外を除き禁じられています。複製される場合は、そのつど事前に、出版者著作権管理機構（電話03-3513-6969、FAX 03-3513-6979、e-mail：info@jcopy.or.jp）の許諾を得てください。また、本書を代行業者等の第三者に依頼してスキャンやデジタル化することは、たとえ個人や家庭内での利用であっても一切認められておりません。

Ⓒ K. Itou, M. Iizuka 2019. Printed in JAPAN
ISBN 978-4-539-72650-1

「労働・社会保険の手続き＋関係税務」「人事労務の法律実務」を中心に，企業の労務，総務，人事部門が押さえておくべき最新情報をご提供する月刊誌です。

https://www.horei.co.jp/bg/

ビジネスガイド

開業社会保険労務士専門誌 SR

https://www.horei.co.jp/sr

開業社会保険労務士のため，最新の法改正やビジネスの潮流をとらえ，それらを「いかにビジネスにつなげるか」について追究する季刊誌です。

便利でお得な 定期購読のご案内

定期購読会員(※1)の特典

- **送料無料で確実に最新号が手元に届く！** (配達事情により遅れる場合があります)

- **少しだけ安く購読できる！**
  - ビジネスガイド定期購読（1年12冊）の場合：1冊当たり約140円割引
  - ビジネスガイド定期購読（2年24冊）の場合：1冊当たり約240円割引
  - ＳＲ定期購読（1年4冊(※2)）の場合：1冊当たり約410円割引
  - 家族信託実務ガイド定期購読（1年4冊(※3)）の場合：1冊当たり320円割引

- **会員専用サイトを利用できる！**

- **割引価格でセミナーを受講できる！**

- **割引価格で書籍やDVD等の弊社商品を購入できる！**

定期購読のお申込み方法

振込用紙に必要事項を記入して郵便局で購読料金を振り込むだけで，手続きは完了します！
まずは雑誌定期購読担当【☎03-6858-6960 ／✉kaiin@horei.co.jp】にご連絡ください

1. 雑誌定期購読担当より専用振込用紙をお送りします。振込用紙に，①ご住所，②ご氏名（企業の場合は会社名および部署名），③お電話番号，④ご希望の雑誌ならびに開始号，⑤購読料金（ビジネスガイド1年12冊：11,294円，ビジネスガイド2年24冊：20,119円，SR1年4冊：5,760円）をご記入ください。

2. ご記入いただいた金額を郵便局にてお振り込みください。振込手数料はかかりません。

3. ご指定号より発送いたします。

(※1)定期購読会員とは，弊社に直接1年(または2年)の定期購読をお申し込みいただいた方をいいます。開始号はお客様のご指定号になりますが，バックナンバーから開始をご希望になる場合は，品切れの場合があるため，あらかじめ雑誌定期購読担当までご確認ください。なお，バックナンバーのみの定期購読はできません。
(※2)原則として，2・5・8・11月の5日発行です。
(※3)原則として，3・6・9・12月の28日発行です。

■ 定期購読に関するお問い合わせは…

日本法令 雑誌定期購読会員担当【☎03-6858-6960 ／✉kaiin@horei.co.jp】まで！